Celse

Le discours véritable

Tiré des fragments cités dans le
ΚΑΤΑ ΚΕΛΣΟΥ d'Origène

Essai de restitution et de traduction par B. Aubé

AVANT-PROPOS

Nous offrons ici au public un travail qui n'a pas encore été fait, que nous sachions. C'est la restitution et la traduction du livre de Celse contre les chrétiens, intitulé *Discours véritable*, écrit par l'ami de Lucien entre les années 116 et 180 de l'ère chrétienne.

Les matériaux de ce travail sont épars dans la volumineuse réfutation qu'Origène, à la prière de son ami l'Alexandrin Ambroise, donna sous le titre : *Contre Celse*, vers la fin de la première moitié du troisième siècle (245-249) : mais personne encore n'avait entrepris de les coudre ensemble et de les présenter dans leur ordre et leur suite continue.

C'est ce que nous avons essayé, non pour réveiller des polémiques assoupies, ni pour introduire un dissolvant de plus dans notre société si divisée, mais pour apporter un élément nouveau d'information historique à l'enquête toujours ouverte et toujours pendante sur les origines de la civilisation chrétienne. C'est un témoignage du lointain passé que nous exhumons de la poussière des controverses antiques, pour servir à l'histoire toujours à faire du mouvement des idées dans les premiers siècles de notre ère.

Nous avons fait cette restitution et cette traduction du *Discours véritable* de Celse sur trois éditions et un manuscrit *Contre Celse*.

1° L'édition grecque-latine de Guillaume Spencer, donnée à Cambridge en 1677. 1 vol. in-4° avec les notes de David Hœschel.

2° L'édition grecque de Lommatzsch, donnée à Berlin en 25 vol. in-12, 1831-1848, laquelle est en grande partie la reproduction de l'édition bénédictine de Vincent de la Rue. 4 vol. in-fol. 1733-1759. Le *Contra Celsum*, dans l'édition de Lommatzsch, comprend le tome XVIII, livres I à III; le tome XIX, IV à VI, et un peu plus de la moitié du tome XX, VII et VIII.

3° L'édition grecque-latine de Migne (t. XI de la *Patrologie grecque*, grand in-8°, Petit-Montrouge, 1857) laquelle est la réimpression de l'édition bénédictine et en grande partie des notes de Lommatzsch.

4° Manuscrit petit in-4°, relié aux armes de François Ier, N° 945 du fond grec de la Bibliothèque Nationale, sur papier de provenance orientale, à ce qu'il semble, et datant, comme on croit, du quatorzième siècle. Les éditeurs d'Origène le citent sous le nom de Codex Regius.

Ce manuscrit, qui contient quelques autres fragments d'Origène, est de grande valeur. Le traité y porte le titre suivant en lettres rouges sur une seule ligne : ἰΩριγενου τοῦ Σοφωτάτου Βιβλίον κατά τοῦ Κελσου τοῦ ἀθεωτάτου. Il commence au folio 48, recto, se termine au folio 314, verso, et est écrit en belle cursive ; chaque page comprend 26 lignes, qui répondent à 40 ou 42 lignes environ de l'édition de Migne. Il est cité souvent d'une manière inexacte et fautive dans les éditions Lommatzsch et Migne. Le dernier éditeur allemand d'Origène, à n'en pas douter, ne l'a pas eu sous les yeux et allègue souvent à tort son autorité pour plusieurs leçons.

PRÉFACE[1]

Il y a une nouvelle race d'hommes nés d'hier, sans patrie ni traditions antiques, ligués contre toutes les institutions religieuses et civiles, poursuivis par la justice, généralement notés d'infamie, mais se faisant gloire de l'exécration commune : ce sont les chrétiens.

Les collèges autorisés se réunissent ouvertement et au grand jour.

Les affiliés chrétiens tiennent des réunions clandestines et illicites, pour enseigner et pratiquer leurs maximes[2]. Ils s'y lient par un engagement plus sacré qu'un serment, s'y unissent pour violer plus sûrement les lois et résister plus aisément aux dangers et aux supplices qui les menacent[3].

Leur doctrine vient d'une source barbare. Non qu'on prétende leur en faire un reproche. Les barbares, en effet, sont assez capables d'inventer des dogmes. Mais la sagesse barbare vaut peu par elle seule ; il faut que la raison grecque s'y ajoute pour la perfectionner, l'épurer et l'étendre[4]. Les périls auxquels les chrétiens s'exposent pour leurs croyances, Socrate a su les braver pour les siennes avec un courage inébranlable et une admirable sérénité. Les préceptes de leur morale, dans ce qu'ils ont de meilleur, les philosophes les ont enseignés avant eux. Ce qu'ils débitent sur l'idolâtrie, que les statues faites de la main d'hommes souvent méprisables ne sont pas des dieux, a été dit souvent déjà, et Héraclite a écrit qu'« adresser des prières à des choses inanimées, comme si c'étaient des dieux, autant valait parler à des pierres[5]. » Le pouvoir qu'ils semblent posséder leur vient de noms mystérieux et de l'invocation de certains démons. Leur maître a

---

[1] Dans cet essai de restitution du traité polémique de Celse, tous les passages qu'on trouvera entre guillemets sont des phrases que nous ajoutons et insérons, là où Origène, au lieu de citer son adversaire, a seulement résumé sa pensée ; et là aussi où il nous a paru qu'il y avait quelque évidente lacune, ou que la transition faisait défaut. Le reste est la traduction littérale des fragments de Celse tels qu'Origène les a donnés dans leur texte original, et, comme il nous semble, dans leur suite à peu près continue. La préface seule, où Origène discute plus qu'il ne cite et n'allègue nul long fragment, nous la donnons comme une restitution aussi approximative que possible. — Les vingt-huit premiers paragraphes du premier Livre d'Origène, nous ont fourni la plus grande partie des traits qui s'y rencontrent.

[2] *Cont. Cels.*, I, 1.

[3] *Cont. Cels.*, I, 3. cf. *ibid.*, III, 14.

[4] *Cont. Cels.*, I, 2.

[5] *Cont. Cels.*, I, 5, cf. *Fragm. Phil. Graecor.* B. G. Didot. t. I. p. 323.

fait par magie tout ce qui a paru de merveilleux dans ses actions, et puis il a averti ses disciples de se garder de ceux qui, connaissant les mêmes secrets, pourraient en faire autant et se vanter comme lui de participer à la puissance divine. Étrange et criante contradiction ! Car s'il condamne justement ceux qui l'imiteront, comment ne pas le condamner lui aussi ? Et s'il n'est pas un imposteur et un pervers pour avoir accompli ses prestiges, comment ceux-ci le seraient-ils plus que lui, pour faire la même chose[6] ?

En somme, leur doctrine est une doctrine secrète[7] : ils mettent à la retenir une constance indomptable, et je ne saurais leur reprocher leur fermeté. La vérité vaut bien qu'on souffre et qu'on s'expose pour elle, et je ne veux pas dire qu'un homme doive abjurer la foi qu'il a embrassée, ou feindre de l'abjurer, pour se dérober aux dangers qu'elle peut lui faire courir parmi les hommes. Ceux qui ont l'âme pure se portent d'un élan naturel vers Dieu avec lequel ils ont de l'affinité, et ne désirent rien tant que de diriger toujours vers lui leur pensée et leur entretien[8]. Mais encore faut-il que cette doctrine soit fondée en raison. Ceux qui croient sans examen tout ce qu'on leur débite ressemblent à ces malheureux qui sont la proie des charlatans et courent derrière les métragyrtes, les prêtres mithriaques ou sabbadiens et les dévots d'Hécate ou d'autres divinités semblables, la tête perdue de leurs extravagances et de leurs fourberies. Il en est de même des chrétiens. Plusieurs parmi eux ne veulent ni donner, ni écouter les raisons de ce qu'ils ont adopté. Ils disent communément : « N'examine point, crois plutôt » et « Ta foi te sauvera ; » et encore : « La sagesse de cette vie est un mal, et la folie un bien[9]. »

S'ils veulent me répondre, non que j'ignore ce qu'ils disent, — car je suis pleinement édifié là-dessus, mais comme à un homme qui ne leur veut pas plus de mal qu'aux autres hommes, tout ira bien. Mais s'ils ne veulent pas, et se renferment dans leur formule ordinaire : « N'examine point, » et le reste, il faut au moins qu'ils m'apprennent quelles sont au fond ces belles doctrines qu'ils apportent au monde, et d'où ils les ont tirées[10].

Toutes les nations les plus vénérables par leur antiquité conviennent entre elles sur les principes essentiels. Égyptiens, Assyriens, Chaldéens, Indiens, Odryses, Perses, Samothraciens et Grecs, ont tous des traditions à peu près semblables[11].

---

[6] *Cont. Cels.*, I, 6.
[7] *Cont. Cels.*, I, 7.
[8] *Cont. Cels.*, I. 8.
[9] *Cont. Cels.*, I, 9.
[10] *Cont. Cels.*, I, 12.
[11] *Cont. Cels.*, I, 14-15.

C'est chez ces peuples et non ailleurs qu'est la source de la vraie sagesse, qui s'est ensuite épanchée partout en mille ruisseaux séparés. Leurs sages, leurs législateurs, Linus, Orphée, Musée, Zoroastre et les autres, sont les plus anciens fondateurs et interprètes de ces traditions, et les maîtres de toute culture. Nul ne songe à compter les Juifs parmi les pères de la civilisation, ni à accorder à Moïse un honneur pareil à celui des plus anciens sages [12]. Les histoires qu'il a racontées à ses compagnons sont de nature à faire connaître ce qu'il était et ce qu'étaient ceux-ci [13]. Les allégories par lesquelles on a tenté de les accommoder au bon sens ne sont pas supportables, et ceux qui ont essayé cette œuvre ont montré sans doute plus de complaisance et de bonté d'âme que de jugement [14]. Sa cosmogonie est d'une puérilité qui passe les bornes. Le monde, certes, est autrement ancien qu'il ne croit ; et, des diverses révolutions qu'il a subies, soit par des embrasements, soit par des déluges, il n'a entendu parler que du dernier, celui de Deucalion, dont le souvenir plus récent a fait oublier les autres [15]. Venu après les anciens sages, Moïse s'est instruit à leur école, leur a emprunté ce qu'il a établi de meilleur parmi les siens, et s'est acquis à leurs frais le titre d'homme divin que les Juifs lui donnent [16]. Ceux-ci avaient déjà emprunté aux Égyptiens leur circoncision. Ces gardeurs de chèvres et de brebis, s'étant mis à la suite de Moïse, se laissèrent éblouir par ses prestiges et persuader qu'il n'y a qu'un Dieu, qu'ils nomment le Très-Haut, Adonaï, le Céleste, ou Sabaoth ou de quelque autre nom qu'il leur plaît de nommer le Monde. Il importe peu du reste quel nom on donne au grand Dieu, que ce soit Zeus, comme font les Grecs, ou autrement comme les Égyptiens et les Indiens [17]. Avec cela, les Juifs adorent les anges et cultivent la magie dont Moïse a été parmi eux le premier instituteur.

Passons du reste sur tout cela, nous y reviendrons ailleurs plus amplement.

Or telle est la tige d'où sont sortis les chrétiens. La simplicité des Juifs ignorants s'est laissée prendre aux prestiges de Moïse. Et dans ces derniers temps, les chrétiens ont trouvé parmi les Juifs un nouveau Moïse qui les a séduits mieux encore, qui passe au milieu d'eux pour le fils de Dieu et est l'auteur de cette doctrine [18]. Il a ramassé autour de lui, sans choisir, nombre de gens simples, perdus de mœurs et grossiers, qui sont l'ordinaire gibier des charlatans et des fourbes, de

---

[12] *Cont. Cels.*, I, 16.
[13] *Cont. Cels.*, I, 17.
[14] *Cont. Cels.*, I. 17-18.
[15] *Cont. Cels.*, I, 19.
[16] *Cont. Cels.*, I, 20.
[17] *Cont. Cels.*, 1. 24.
[18] *Cont. Cels.*, I. 26.

sorte que l'espèce de monde qui s'est donné à cette doctrine permet déjà de juger de ce qu'elle peut valoir. L'équité pourtant oblige à reconnaître qu'il en est quelques-uns parmi eux dont les mœurs sont honnêtes, qui ne manquent pas tout à fait de lumières et ne sont pas malhabiles à se tirer d'affaire par des allégories [19]. C'est à ceux-ci particulièrement qu'on s'adresse, car s'ils sont honnêtes, sincères et éclairés, ils entendront la raison et la vérité.

---

[19] *Cont. Cels.*, I, 27.

PREMIÈRE PARTIE :
OBJECTIONS CONTRE LES CHRÉTIENS
AU POINT DE VUE DU JUDAÏSME
ET TRAITS GÉNÉRAUX DE LA SECTE
ET DE LA PROPAGANDE CHRÉTIENNES

[Les objections viennent d'elles-mêmes contre les Juifs et les chrétiens. Mais ces derniers trouvent parmi les Juifs, desquels ils se sont séparés, leurs premiers et leurs plus ardents adversaires, et c'est un spectacle édifiant que d'entendre les chefs de la famille, du haut de leurs traditions, gourmander leurs fils émancipés et rebelles, et reprocher au maître de l'apostasie et de la révolte ses insolentes et sacrilèges prétentions. Il nous plaît donc de livrer les chrétiens, maître et disciples, aux objurgations irritées des aînés de leur race. Qui pourrait mieux connaître et confondre plus directement l'homme de Nazareth que les descendants de ceux qui ont vécu à ses côtés ? Qui aurait meilleur titre pour railler la crédulité de ses disciples que ceux dont les pères ont su résister aux mêmes séductions ? Écoutez donc ce Juif qui a gardé intacte la foi de ses pères, et imaginez qu'il interpelle d'abord Jésus [20].]

Tu as commencé par te fabriquer une filiation merveilleuse en prétendant que tu devais ta naissance à une vierge. [Nous savons au juste ce qui en est.] Tu es originaire d'un petit hameau de la Judée, né d'une pauvre femme de la campagne qui vivait de son travail. Celle-ci, convaincue d'avoir commis adultère avec un soldat nommé Panthéra [21] fut chassée par son mari qui était charpentier de

---

[20] Nous proposons ce passage comme un très large à peu près. Nous n'avons eu pour l'écrire, aucune indication d'Origène, si ce n'est qu'il dit que Celse procède d'abord par une prosopopée et introduit un Juif imaginaire qui s'adresse d'abord à Jésus et ensuite aux chrétiens. Nous donnons es morceau comme une en-tête possible de la prosopopée.

[21] Il est question de ce Panthéra dans un curieux pamphlet juif relativement récent, où Juda est opposé à Jésus, comme Simon à Pierre dans les *Clémentines*. Cette pièce, intitulée *Toldos Jeschu* ou *Todelfoth Jescù*, a été publiée en hébreu et en latin par Wagenseil, dans un recueil qui a pour titre : *Tela ignea Satanae*, Altdorf, 1681. 2 vol. petit in-4°. Les anciennes compilations juives font aussi mention de Panthéra. Ainsi on lit dans le *Sabbath* 104, B : « Le fils de la Satada (Marie) était le fils de Pandéra. » — Ibid. « Quant au mari de la Satada, son amant était Pandéra ; mais son mari était Papos ben-Johadan. » — De même au *Talmud Jerusalem Abadas*, Sereth, ch. IX, p. 40 : « Vint quelqu'un qui souffla au malade une formule de conjuration au nom de Jésus, fils de Pandéra, et le malade guérit. »

son état. Expulsée de la sorte et errant çà et là ignominieusement, elle te mit au monde en secret. Plus tard, contraint par le dénuement à t'expatrier, tu te rendis en Égypte, y louas tes bras pour un salaire, et là, ayant appris quelques-uns de ces pouvoirs magiques dont se targuent les Égyptiens, tu revins dans ton pays, et enflé des merveilleux effets que tu savais produire, tu te proclamas Dieu [22].

Ta mère peut-être était belle, et Dieu, dont la nature pourtant ne souffre pas qu'il s'abaisse à aimer les mortelles , voulut jouir de ses embrassements. Mais il répugne que Dieu ait aimé une femme qui n'avait ni fortune ni naissance royale comme ta mère, car personne même de ses voisins ne la connaissait. Et lorsque le charpentier se prit de haine pour elle et la renvoya, ni la puissance divine ni le *Logos*, qui dompte les cœurs [23], ne put la sauver de cet affront. Il n'y a rien là qui sente le royaume de Dieu.

[Cependant, Jean baptisait et lavait les pécheurs dans les eaux du Jourdain. Tu vins à lui après tant d'autres pour être purifié [24].] Tu dis qu'à ce moment même une ombre d'oiseau descendit sur toi en volant du haut des airs. Mais quel témoin digne de foi a vu ce fantôme ailé; qui a entendu cette voix du ciel qui te saluait fils de Dieu; qui, si ce n'est toi et, si l'on t'en veut croire, un de ceux qui ont été châtiés avec toi [25] ?

Un prophète il est vrai, a dit autrefois dans Jérusalem, qu'un fils de Dieu viendrait pour faire justice aux pieux et punir les injustes [26]. Mais pourquoi serait-ce à toi plutôt qu'à mille autres nés depuis cette prédiction, que cet oracle doive s'appliquer [27] ? Les fanatiques et les imposteurs ne manquent pas, qui prétendent être venus d'en haut en qualité de fils de Dieu [28]. Et si, comme tu le dis, tout homme qui naît selon les décrets de la Providence est fils de Dieu, quelle différence y a-t-il entre toi et les autres ? Et beaucoup, sans doute, réfuteront tes prétentions, et assureront que c'est à eux-mêmes que se rapportent toutes les prédictions que tu as prises pour toi [29].

Tu racontes que des Chaldéens, ne pouvant se tenir après avoir appris ta naissance [30], se mirent en route pour venir t'adorer comme un Dieu, quand tu étais

---

[22] *Cont. Cels.*, I, 28.
[23] *Cont. Cels.*, I, 9.
[24] Passage nécessaire, semble-t-il, pour la transition.
[25] *Cont. Cels.*, I, 41. — Il est étrange que le Juif de Celse mette Jean, le baptiste, dans la suite de Jésus, et le fasse mourir avec lui.
[26] *Cont. Cels.*, I, 49.
[27] *Cont. Cels.*, I, 50.
[28] *Cont. Cels.*, I, 59.
[29] *Cont. Cels.*, I. 57.
[30] *Cont. Cels.*, I, 58.

encore au berceau, qu'ils annoncèrent la chose à Hérode le Tétrarque, et que ce-lui-ci, craignant que, devenu grand, tu ne t'emparasses du trône, fit égorger tous les enfants du même âge pour te faire périr sûrement[31]. [Cette histoire, du reste, est un pur conte aussi bien que l'avertissement prétendu de l'ange qu'il fallait t'éloigner[32].] Mais si Hérode a fait cela dans la crainte que plus tard tu ne prisses sa place, pourquoi arrivé à l'âge d'homme n'as-tu pas régné ? Pourquoi te voit-on alors, toi, le fils de Dieu, errant si misérablement, courbé de frayeur, ne sachant que devenir[33], et avec tes dix ou onze acolytes ramassés dans la lie de la société, parmi des scélérats de publicains et de poissonniers, courant le pays, gagnant honteusement et à grand-peine de quoi vivre[34] ?

Pourquoi fallait-il qu'on t'emportât en Égypte ? Pour te sauver de l'épée ? Mais un Dieu ne peut craindre la mort. Un ange vint tout exprès du ciel t'ordonner à toi et à tes parents de fuir. Le grand Dieu qui avait déjà pris la peine d'en-voyer deux anges pour toi, ne pouvait donc préserver son propre fils dans le pays même[35] ?

Les vieilles légendes qui racontent la naissance divine de Persée, d'Amphion, d'Éaque, de Minos, nous n'y ajoutons guère foi[36]. Cependant, elles sauvent au moins la vraisemblance, en ce qu'elles attribuent à ces personnages des actions vraiment grandes, merveilleuses et utiles aux hommes. Mais toi, qu'as-tu dit ou qu'as-tu fait de si admirable ? Dans le temple, l'insistance des Juifs n'a pu t'arra-cher seulement un signe qui eût fait voir que tu étais le fils de Dieu[37].

On raconte, il est vrai, et on enfle à plaisir maints prodiges surprenants que tu as opérés, des guérisons miraculeuses, des pains multipliés et autres choses sem-blables. Mais ce sont prestiges que les magiciens ambulants accomplissent cou-ramment, sans qu'on pense pour cela à les regarder comme les fils de Dieu[38].

Le corps d'un Dieu ne serait pas fait comme était le tien. Le corps d'un Dieu n'aurait pas été formé et procréé comme l'a été le tien. Le corps d'un Dieu ne se nourrit pas comme tu t'es nourri. Le corps d'un Dieu ne se sert pas d'une voix comme la tienne, ni des moyens de persuasion que tu as employés[39]. Et le sang qui coula de ton corps ressemble-t-il à celui qui coule dans les veines des

---

[31] *Cont. Cels.*, I, 58.
[32] *Cont. Cels.*, I, 61.
[33] *Cont. Cels.*, I, 61.
[34] *Cont. Cels.*, I, 62.
[35] *Cont. Cels.*, I, 66.
[36] *Cont. Cels.*, I, 65.
[37] *Cont. Cels.*, III, 22.
[38] *Cont. Cels.*, I, 67.
[39] *Cont. Cels.*, I, 69, 70.

dieux[40] ? Quel Dieu, quel fils de Dieu que celui que son père n'a pu sauver du plus infâme supplice et qui n'a pu lui-même s'en garantir[41] ?

Ta naissance, tes actions et ta vie sont non d'un Dieu, mais d'un homme haï de Dieu et d'un misérable goëte[42].

[J'imagine maintenant que notre Juif se tourne après cela vers les chrétiens et s'adresse à eux en cette façon[43] :]

D'où vient, compatriotes, que vous avez abandonné la loi de nos pères et que vous étant laissés ridiculement séduire par les impostures de celui à qui je viens de parler, vous nous ayez quittés pour adopter une autre loi et un autre genre de vie[44] ? Il n'y a que trois jours que nous avons puni celui qui vous mène comme un troupeau[45]. C'est depuis ce temps que vous avez abandonné la loi de vos ancêtres. C'est sur notre religion que vous vous fondez ; comment donc la rejetez-vous maintenant ? Si en effet quelqu'un vous a prédit que le fils de Dieu devait descendre dans le monde[46], c'est un des nôtres, un prophète inspiré par notre Dieu[47]. Jean qui a baptisé votre Jésus était aussi un des nôtres, et Jésus même, né parmi nous, vivait selon notre loi et observait nos cérémonies[48]. Il a subi parmi nous la juste peine de ses crimes. Ce qu'il vous a débité avec arrogance[49] de la résurrection, du jugement, des récompenses et des peines réservées aux méchants ; ce sont de vieilles histoires qui courent nos livres et sont depuis longtemps surannées[50]. [Il n'a rien été autre chose qu'un imposteur, un menteur et un impie[51].] Bien d'autres sans doute auraient pu paraître tels que Jésus à ceux qui auraient voulu se laisser tromper[52].

Ceux qui croient au Christ font un crime aux Juifs de n'avoir pas reçu Jésus pour Dieu[53]. Mais comment donc, nous qui avions appris à tous les hommes que Dieu devait envoyer ici-bas le ministre de sa justice pour punir les méchants,

---

[40] Citation d'Homère, *Iliad.,* V, 340, faite par Celse, I, 66.
[41] Passage anticipé et qui parait mieux à sa place ici. On le trouve liv. I, 54, *init.*
[42] *Cont. Cels.,* I, 71.
[43] Cette nouvelle prosopopée de Celse, ou plutôt la continuation de la première, commence avec le second livre d'Origène.
[44] *Cont. Cels.,* II, 1.
[45] *Cont. Cels.,* II, 4
[46] *Cont. Cels.,* II, 4.
[47] *Cont. Cels.,* II, 4.
[48] *Cont. Cels.,* II, 4, 6.
[49] *Cont. Cels.,* II, 7, *init.*
[50] *Cont. Cels.,* II, 5.
[51] Passage restitué d'après une indication d'Origène. *Cont. Cels.,* II, 7.
[52] *Cont. Cels.,* II, 8.
[53] Passage nécessaire à la liaison des idées.

comment l'aurions-nous outragé à sa venue ? Pourquoi aurions-nous traité avec ignominie celui dont nous avions d'avance annoncé l'avènement ? Était-ce donc pour attirer sur nous un surcroît de châtiments de la part de Dieu[54] ? Mais comment recevoir pour Dieu celui qui, comme entre autres choses dont on l'accusait, ne fit rien de ce qu'il avait promis ? Qui, convaincu, jugé, condamné au supplice, se sauva honteusement et fut pris, livré par ceux mêmes qu'il appelait ses disciples ? Un Dieu ne devait pas se laisser lier, emmener comme un criminel ; bien moins encore devait-il être abandonné, trahi par ceux qui vivaient avec lui, qui étaient ses familiers, qui le suivaient comme un maître, le considéraient comme un sauveur, fils et envoyé du grand Dieu[55]. Un bon général qui commande à des milliers de soldats n'est jamais trahi par les siens, pas même un misérable chef de brigands commandant à des hommes perdus, tant que ceux-ci trouvent profit à le suivre. Mais Jésus trahi par ceux qui marchaient sous lui, ne sut pas se faire obéir comme un bon général, ni après avoir fait ses dupes — j'entends ses disciples — ne sut pas seulement leur inspirer ce dévouement qu'un chef de brigands, si je puis dire, obtient de sa bande[56].

J'aurais maintes choses à dire de la vie de Jésus, toutes très véritables et fort éloignées du récit de ses disciples, mais je veux bien les passer sous silence[57].

[On sait comme il a fini, l'abandon de ses disciples, les outrages, les mauvais traitements et les souffrances du supplice[58].] Ce sont là des faits avérés qu'on ne saurait déguiser, et vous ne direz pas sans doute que ces épreuves n'ont été qu'une vaine apparence aux yeux des impies, mais qu'en réalité il n'a pas souffert. Vous avouez ingénument qu'il a souffert en effet. Mais l'imagination des disciples a trouvé une adroite défaite : c'est qu'il avait prévu lui-même et prédit tout ce qui lui est arrivé[59]. La belle raison ! C'est comme si pour prouver qu'un homme est juste, on le montrait commettant des injustices ; pour prouver qu'il est irréprochable, on faisait voir qu'il a versé le sang ; pour prouver qu'il est immortel, on montrait qu'il est mort, en ajoutant qu'il avait prédit tout cela[60]. Mais quel Dieu, quel démon, quel homme de sens, sachant d'avance que de pareils maux le menacent, ne les éviterait, s'il le pouvait, au lieu de se jeter tête baissée dans des

---

[54] *Cont. Cels.*, II, 8.
[55] *Cont. Cels.*, II, 9.
[56] *Cont. Cels.*, II, 12.
[57] *Cont. Cels.*, II, 13.
[58] Passage inséré comme transition.
[59] Nous intervertissons ici quelque peu, pour le meilleur ordre des idées, trois citations qui se trouvent aux paragraphes 13, 15 et 16. et nous mettons la fin la citation du § 13. Il nous semble que la clarté y gagne.
[60] *Cont. Cels.*, II, 16.

accidents qu'il a prévus[61] ? S'il [Jésus] a prédit la trahison de l'un et le reniement de l'autre, comment ont-ils osé l'un trahir, l'autre renier celui qu'ils devaient craindre comme un Dieu[62] ? Ils le trahirent pourtant et le renièrent, sans avoir aucun souci de lui[63].

Un homme contre lequel on forme une conspiration, et qui le sait, et qui avertit d'avance les conjurés, les fait changer de dessein et se tenir en garde. Les événements donc ne sont pas arrivés parce qu'ils avaient été prédits. Cela ne se peut. Au contraire, de cela seul qu'ils sont arrivés, il suit qu'il est faux qu'ils aient été prédits. Il est impossible que des gens prévenus eussent persisté à trahir ou à renier[64].

Mais, [direz-vous,] c'est un Dieu qui a prédit toutes ces choses ; il fallait donc absolument que tout ce qu'il avait prédit arrivât. — Un Dieu donc aura induit ses propres disciples et prophètes, avec lesquels il mangeait et buvait, en cet abîme d'impiété et de scélératesse sacrilège, lui qui devait surtout faire du bien à tous les hommes et plus qu'à personne à ceux avec lesquels il frayait tous les jours ! Vit-on jamais homme tendre des pièges à ceux qui partagent sa table ? Or, ici, c'est le commensal même d'un Dieu qui lui dresse des embûches, et, ce qui répugne encore plus, le Dieu lui-même dresse des embûches à ses compagnons et fait d'eux des traîtres et des impies[65].

[D'autre part], s'il a voulu ce qui est arrivé, si c'est pour obéir à son père qu'il a subi le supplice, il est clair que cet accident tombant sur un Dieu [impassible par nature] et qui s'y soumettait librement et de propos délibéré, n'a pu lui causer ni douleur ni peine[66]. Pourquoi donc alors pousse-t-il des plaintes et des gémissements et prie-t-il que le dénouement qui l'effraie lui soit épargné, disant : « O mon père, s'il se peut que ce calice s'éloigne[67] ! »

Mais tous ces prétendus faits sont des contes que vos maîtres et vous avez fabriqués, sans pouvoir seulement donner à vos mensonges une couleur de vérité[68].

On sait du reste qu'il en est plusieurs parmi vous qui, semblables à ceux qui dans l'ivresse vont jusqu'à porter sur eux-mêmes des mains violentes, changent

---

[61] *Cont. Cels.*, II, 17.
[62] *Cont. Cels.*, II, 18. A la suite de ce mot, Origène prend la parole.
[63] *Cont. Cels.*, II, 18.
[64] *Cont. Cels.*, II. 19.
[65] *Cont. Cels.*, II, 20.
[66] *Cont. Cels.*, II, 23.
[67] *Cont. Cels.*, II, 24.
[68] *Cont. Cels.*, II, 26.

et transforment à leur guise le premier texte de l'Évangile de trois et quatre manières et plus encore, pour avoir plus facilement raison des objections qu'on y oppose[69].

[Vous faites sonner très haut les prédictions contenues dans les prophètes, vous les interprétez avec une liberté sans limites et les rapportez complaisamment à Jésus[70];] mais il y en a une infinité d'autres auxquels elles pourraient s'ajuster à meilleur titre[71]. C'est un grand monarque, maître de toute la terre, de toutes les nations et de toutes les armées, dont les prophètes ont annoncé la venue et non une pareille peste[72]. D'ailleurs, quand il s'agit de Dieu ou du fils de Dieu, ce n'est pas sur de tels indices, sur d'équivoques exégèses et de si chétifs témoignages qu'on peut se fonder. Comme le soleil en éclairant toutes choses de sa lumière se révèle lui-même le premier, ainsi devait-il en être du fils de Dieu[73].

[Mais il n'y a pas d'interprétation si forcée qu'elle soit des prophéties qui puisse s'appliquer à la personne de Jésus[74].]

Vous avez, par un raffinement de subtilité, identifié le fils de Dieu avec le pur Logos divin. De fait, au lieu de ce pur et saint Logos, vous ne pouvez nous montrer ici qu'un individu ignominieusement conduit au supplice et bâtonné[75]. Que le fils de Dieu puisse être pour vous le Logos divin, nous y consentons aussi; mais comment le trouver dans ce hâbleur et ce goëte[76]? La généalogie que vous lui avez faite et où l'on voit, à partir du premier homme, Jésus descendre des anciens rois, est un chef-d'œuvre d'orgueilleuse fantaisie. La femme du charpentier, si elle eût eu de semblables aïeux, ne l'eût pas sans doute ignoré[77].

Et qu'est-ce que Jésus a fait de grand et qui sente le Dieu? Le vit-on dédaignant l'humanité, se faisant jeu et risée des événements d'ici-bas[78]? [A-t-il dit seulement comme le personnage de la tragédie[79]:] « Le Dieu me délivrera lui-même quand je le voudrai[80]. » Vous savez que celui qui le condamna n'a pas été

---

[69] *Cont. Cels.*, II, 27.
[70] Restitution que semble demander la suite des idées, et que nous proposons sur des indications d'Origène. *Cont. Cels.*, II, 28, *init.*
[71] *Cont. Cels.*, II, 28.
[72] *Cont. Cels.*, II, 29.
[73] *Cont. Cels.*, II, 30.
[74] Passage introduit pour marquer la liaison des idées.
[75] *Cont. Cels.*, II, 31.
[76] *Cont. Cels.*, II, 32, *Init.*
[77] *Cont. Cels.*, II, 32.
[78] *Cont. Cels.*, II, 33.
[79] Phrase nécessaire pour la transition.
[80] Citation des *Bacchantes* d'Euripide, vers 426.

puni comme Penthée qui fut pris de transports furieux et mis en pièces[81]. Et maintenant, s'il ne l'a pu plus tôt, que ne fait-il éclater sa vertu divine ? Que ne se lave-t-il enfin de cette ignominie ? que ne fait-il justice de ceux qui l'ont outragé lui et son père[82] ? Et le sang qui sortit de sa blessure ? Était-il semblable à celui qui coule dans les veines des Dieux[83] ? Et l'ardeur de la soif, que le premier venu sait supporter, était telle chez lui, qu'il but à plein gosier fiel et vinaigre[84] !

Vous nous faites un crime, ô hommes très fidèles, de ne pas le recevoir pour Dieu, de ne pas admettre que c'est pour le bien des hommes qu'il a souffert, afin que nous apprenions, nous aussi, à mépriser les supplices[85]. Mais après avoir vécu sans pouvoir persuader personne, pas même ses propres disciples, il a été exécuté et a souffert ce qu'on sait[86]. [Devait-il donc mourir de cette mort infâme[87] ?] Il n'a su de plus ni se préserver du mal, ni vivre exempt de tout reproche[88]. Vous ne direz pas sans doute que n'ayant pu gagner personne ici-bas, il s'en est allé dans l'Hadès pour gagner ceux qui s'y trouvent[89] ?

Si vous pensez que c'est assez d'alléguer pour votre défense les absurdes raisons qui vous ont ridiculement abusés, qu'est-ce qui empêche que tous ceux qui ont été condamnés et ont quitté la vie d'une manière plus misérable, ne soient regardés comme de plus grands et de plus divins envoyés[90] ? D'un brigand et d'un meurtrier suppliciés, on pourrait dire alors avec une égale impudence : « Ce fut non un brigand, mais un Dieu ; car à ses compagnons il prédit qu'il souffrirait ce qu'il a souffert[91]. »

Pendant sa vie ici-bas, tout ce qu'il put faire fut de gagner une dizaine de scélérats de mariniers et de publicains, et encore ne se les attacha-t-il pas tous[92]. Et ceux-ci qui vivaient avec lui, qui entendaient sa voix, qui le reconnaissaient pour maître, quand ils le virent torturé et mourant, ne voulurent ni mourir avec lui, ni mourir pour lui ; ils oublièrent le mépris des supplices ; bien plus, ils niè-

---

[81] Allusion à un épisode de la même tragédie d'Euripide. *Cont. Cels.*, II, 34.
[82] *Cont. Cels.*, II, 35.
[83] *Cont. Cels.*, II, 36. Ce même vers d'Homère est déjà cité un peu plus haut dans le discours du Juif à Jésus.
[84] *Cont. Cels.*, II, 37.
[85] *Cont. Cels.*, II, 38.
[86] *Cont. Cels.*, II, 39.
[87] Phrase ajoutée sur une indication d'Origène. — *Cont. Cels.*, II, 40.
[88] *Cont. Cels.*, II, 41, 42.
[89] *Cont. Cels.*, II, 43.
[90] *Cont. Cels.*, II, 44.
[91] *Cont. Cels.*, II, 44.
[92] Nous intervertissons ici l'ordre et plaçons cette citation avant la suivante. Dans le texte d'Origène, elle est mise après. — *Cont. Cels.*, II, 46.

rent qu'ils fussent ses disciples. C'est vous aujourd'hui qui voulez bien mourir avec lui[93]. N'est-ce pas le comble de l'absurde que, tant qu'il vécut, il n'ait pu persuader personne, et que depuis sa mort, ceux qui le veulent persuadent tant de monde[94]!

Mais par quelle raison avez-vous pu vous mettre dans l'esprit qu'il était le fils de Dieu? C'est, dites-vous, que nous savons qu'il a souffert le supplice pour la destruction du père du péché. Mais n'y en a-t-il pas des milliers d'autres qui ont été exécutés et avec tout autant d'ignominie[95]? C'est, [dites-vous encore,] qu'il a guéri des boiteux et des aveugles, et à ce que vous assurez, ressuscité des morts[96]. [Mais ne vous a-t-il pas prémuni lui-même contre de pareilles séductions, ne vous a-t-il pas prévenu lui-même de vous défier des imposteurs et des thaumaturges[97]?] O lumière et vérité! De sa bouche même et en termes explicites, comme vos propres livres en témoignent, il annonce que d'autres se présenteront à vous, usant des mêmes pouvoirs, qui ne seront que des scélérats et des imposteurs; et il nomme un Satan[98] qui doit faire quelques prodiges semblables. N'est-ce pas déclarer que ces prodiges n'ont rien de divin, mais que ce sont œuvres de causes impures? La force de la vérité l'a contraint de démasquer les autres, et il s'est confondu lui-même du même coup. Quelle misère donc de tirer des mêmes actes que celui-ci est un Dieu et ceux-là des charlatans! Pourquoi, à propos des mêmes faits, sur son propre témoignage, taxer de scélératesse les autres plutôt que lui? Nous retenons son aveu: Il a reconnu que les prodiges ne sont pas la marque d'une vertu divine, mais les indices manifestes de l'imposture et de la perversité[99].

Quelle raison donc enfin a pu vous persuader? Est-ce parce qu'il a prédit qu'après sa mort il ressusciterait[100]? —Eh bien, soit, admettons qu'il ait dit cela. Combien d'autres débitent d'aussi merveilleuses fanfaronnades pour séduire les bonnes dupes qui les écoutent, et les exploiter en les abusant? Zamolxis de Scythie[101], esclave de Pythagore, en fit autant, dit-on, et Pythagore lui-même

---

[93] *Cont. Cels.*, II, 45.
[94] *Cont. Cels.*, II, 46.
[95] *Cont. Cels.*, II, 47.
[96] Indication sommaire d'Origène. — *Cont. Cels.*, II, 48.
[97] Restitution exigée par la suite des idées et fondée sur une indication d'Origène. — *Cont. Cels.*, II, 48.
[98] *Cont. Cels.*, II, 49.
[99] *Cont. Cels.*, II, 49.
[100] *Cont. Cels.*, II. 54.
[101] Cf. Hérodote, lib. IV, 94 et seq.

en Italie[102], et Rhampsinit d'Égypte. On raconte que ce dernier joua aux dés dans l'Hadès avec Déméter et revint sur la terre avec un voile d'or que la déesse lui avait donné[103]. Et Orphée chez les Odryses, et Protésilas en Thessalie, et Hercule, et Thésée à Ténare[104]. Il faudrait peut-être examiner d'abord si jamais homme réellement mort est ressuscité avec son même corps. Mais pensez-vous que les aventures des autres soient de pures fables et ne sauraient faire illusion, tandis que l'issue de votre pièce a bien meilleur air et est plus croyable, avec le cri que votre Jésus jeta du haut du poteau en expirant, le tremblement de terre et les ténèbres ? Vivant, il n'avait rien pu pour lui-même, mort —dites-vous— il ressuscita et montra les marques de son supplice et les trous de ses mains. Mais qui a vu tout cela ? Une femme hystérique, à ce que vous dites, et quelque autre peut-être de la même troupe ensorcelée, soit que [ce prétendu témoin] ait vu en rêve ce que lui représentait son esprit troublé, soit que son imagination abusée ait donné un corps à ses désirs, ce qui est arrivé à tant d'autres, soit plutôt qu'il ait voulu frapper l'esprit des autres hommes par un récit merveilleux, et à l'aide de cette imposture, fournir matière de tromperie à ses confrères en charlatanisme[105].

Si Jésus voulait faire éclater réellement sa vertu divine, il fallait qu'il se montrât à ses ennemis, au juge qui l'avait condamné et à tout le monde en général[106] ; car puisqu'il était mort et de plus Dieu, s'il faut vous en croire, il n'avait plus rien à craindre de personne, et ce n'était pas sans doute pour qu'il restât caché qu'il avait été envoyé primitivement[107] ? S'il le fallait même pour mettre sa divinité en pleine lumière, il devait disparaître tout d'un coup de dessus la croix[108]. Quel envoyé, au lieu d'exposer sa mission, s'est jamais caché[109] ? Est-ce donc parce qu'on doutait qu'il fût venu en chair et en os et qu'on était au contraire parfaitement assuré qu'il était ressuscité, que, de son vivant, il se prodigua en prédications, et qu'une fois mort, il ne se fit voir en cachette qu'à une pauvre femme et à ses seuls affiliés[110] ? Son supplice a eu tout le monde pour témoin, sa résurrection n'en a eu qu'un seul ; il fallait que ce fût tout le contraire[111]. S'il voulait rester

---

[102] Cf. Diogèn. Laert., *In Pithag.*, lib. VIII.
[103] Cf. Herodot., lib. II, 122.
[104] Cf. Diod. Sic.. Bibl. hist., IV. 26, 62.
[105] *Cont. Cels.*, II, 55.
[106] *Cont. Cels.*, II, 63.
[107] *Cont. Cels.*, II, 67.
[108] *Cont. Cels.*, II, 68.
[109] *Cont. Cels.*, II. 70.
[110] *Cont. Cels.*, II, 70.
[111] *Cont. Cels.*, II, 70.

ignoré, pourquoi la voix divine déclara-t-elle hautement qu'il était fils de Dieu? S'il voulait être connu, pourquoi s'est-il laissé mener au supplice, pourquoi est-il mort[112]? [S'il voulait par son supplice apprendre à tous les hommes à mépriser la mort, pourquoi a-t-il envié sa présence au plus grand nombre, après sa résurrection? pourquoi n'a-t-il pas appelé tous les hommes autour de lui, afin de leur exposer clairement dans quel dessein il était descendu du ciel[113]?]

O Très-Haut! ô Dieu du ciel! quel Dieu se présentant aux hommes peut les trouver incrédules, surtout quand il apparaît au milieu de ceux qui soupirent après lui! Comment ne serait-il pas reconnu de ceux qui l'attendent depuis long-temps[114]!

Faut-il parler de son caractère irritable, si prompt aux imprécations et aux menaces? de ses «Malheur à vous!» «Je vous annonce...» En usant de tels moyens, il avoue bien qu'il est impuissant à persuader; et ces moyens ne conviennent guère à un Dieu, pas même à un homme de sens[115].

Nous n'avons rien tiré que de vos propres Écritures: nous n'avons que faire d'autres témoignages contre vous. Vous vous réfutez assez vous-mêmes[116].

Oui, certes, nous gardons cette espérance que nous ressusciterons quelque jour corporellement et jouirons de l'immortalité, et que celui que nous attendons sera le type et l'initiateur de cette vie nouvelle, et montrera que rien n'est impossible à Dieu[117]. Mais où donc est-il, afin que nous le voyions et le croyions[118]? Celui-là n'est-il descendu ici-bas que pour nous rendre incrédules? Mais non, ce fut un homme. L'expérience nous l'a fait voir tel et la raison le prouve aussi[119].

Il n'y a rien au monde de si niais que la dispute que les chrétiens et les Juifs ont ensemble, et leur controverse au sujet de Jésus rappelle tout justement le proverbe connu: «Se quereller pour l'ombre d'un âne.» Il n'y a rien de sérieux dans ce débat, où les deux parties conviennent que des prophètes inspirés par un esprit divin ont prédit qu'un certain sauveur doit venir pour le genre humain, mais ne s'entendent pas sur le point de savoir si le personnage annoncé est venu

---

[112] *Cont. Cels.*, II, 72.

[113] Restitution de ce passage d'après une réponse d'Origène. *Cont. Cels.*, II, 73.

[114] *Cont. Cels.*, II, 74, 75.

[115] *Cont. Cels.*, II, 76.

[116] Nous avons déplacé ce passage, qui se trouve avant les deux précédentes citations au commencement du §74. Il nous semble que, donné par Origène comme une conclusion, il est ainsi mieux à sa place.

[117] *Cont. Cels.*, II, 77.

[118] *Cont. Cels.*, II, 77.

[119] *Cont. Cels.*, II, 79.

ou non [120]. [Les Juifs révoltés firent schisme autrefois et se séparèrent des Égyptiens, avec lesquels ils faisaient corps, par mépris pour la religion nationale [121].] Or, ils ont à leur tour subi la pareille de la part de ceux qui se sont attachés à Jésus et ont cru à lui comme au Christ. Des deux côtés, l'esprit de parti a été la cause des nouveautés [122]. Il a fait que des Égyptiens se sont séparés de la mère patrie pour devenir Juifs, et qu'au temps de Jésus d'autres Juifs se sont détachés aussi de la communauté juive et se sont mis à la suite de Jésus [123].

[Et ce goût d'orgueilleuse faction est tel encore aujourd'hui chez les Chrétiens que [124],] si tous les hommes voulaient se faire Chrétiens, ceux-ci ne le voudraient plus [125]. Dans l'origine, quand ils étaient en petit nombre, ils avaient tous les mêmes sentiments, mais depuis qu'ils sont devenus foule, ils se sont partagés et divisés en sectes, dont chacune prétend faire bande à part, comme ils le voulaient primitivement [126]. Ils se séparent de nouveau du grand nombre, se condamnent les uns les autres, n'ayant plus de commun, pour ainsi parler, que le nom, s'ils l'ont encore. C'est la seule chose qu'ils ont eu honte d'abandonner ; car, pour le reste, les uns ont une doctrine, les autres une autre [127].

Ce qu'il y a de remarquable dans leur société, c'est qu'on peut les convaincre de ne l'avoir établie sur aucun principe sérieux, à moins qu'on ne regarde comme tels l'esprit de parti, la force qu'on en peut tirer pour soi et la crainte des autres [128], car c'est là le fondement de leur communauté [129]. [Des enseignements secrets achèvent de la cimenter [130],] et on ne sait quels méchants contes fabriqués avec de vieilles légendes dont ils remplissent d'abord les imaginations de leurs adeptes, comme on étourdit du bruit des tambours ceux qu'on initie aux mystères des Corybantes [131].

[Quelques beaux dehors ne manquent pas : dès le seuil on est troublé ou séduit ; mais c'est comme dans la religion égyptienne [132].] Dès qu'on approche, on voit des cours et des bois sacrés magnifiques, de grands et beaux vestibules, des

---

[120] *Cont. Cels.*, III, 1.
[121] Restitution sur une indication d'Origène. — *Cont. Cels.*, III, 5, *init.*
[122] *Cont. Cels.*, III, 5.
[123] *Cont. Cels.*, III, 7.
[124] Phrase intercalée pour lier les idées.
[125] *Cont. Cels.*, III, 9.
[126] *Cont. Cels.*, III, 10.
[127] *Cont. Cels.*, III, 12.
[128] La crainte des profanes, de ceux qui ne font pas partie de la faction, juifs ou païens.
[129] *Cont. Cels.*, III, 14.
[130] Indication d'Origène, III, 15.
[131] *Cont. Cels.*, III, 16.
[132] Restitution de ce passage d'après une indication d'Origène. — *Cont. Cels.*, III, 17, *init.*

temples admirables avec de majestueux péristyles; mais si l'on entre et qu'on pénètre au fond du sanctuaire, on trouve que l'objet adoré n'est rien qu'un chat, un singe, un crocodile, un bouc ou un chien [133]. Encore pour ceux qui ne s'arrêtent pas à l'écorce, il y a là quelque chose qui n'est ni vil ni frivole [134]. Ces symboles en effet ne méritent pas le mépris, puisqu'ils sont au fond un hommage rendu, non à des animaux périssables, comme le croit le vulgaire, mais à des idées éternelles. Les Chrétiens qui raillent le culte égyptien sont bien plus naïfs, car ce qu'ils enseignent à propos de Jésus n'a rien de plus relevé que les boucs et les chiens de ces temples [135]. [Ils se moquent aussi de Castor et de Pollux, d'Héraclès, de Bacchus et d'Asclépios [136],] et n'admettent pas qu'on les reçoive pour dieux, parce que, quelque éclatants services qu'ils aient rendus à l'humanité, ils ont été d'abord des hommes; mais, pour Jésus, ils prétendent qu'après sa mort il est apparu lui-même à ses compagnons; —lui-même, c'est-à-dire son ombre [137] — [et veulent que pour cela on le reconnaisse pour Dieu. Mais ces apparitions posthumes sont de communes aventures dont les histoires sont pleines [138].] Aristée de Proconnèse disparut aux yeux miraculeusement, et se fit voir ensuite à diverses personnes et en divers lieux. Apollon même avait recommandé aux habitants de Métaponte de le mettre au rang des dieux [139] : cependant, nul ne le regarde plus comme un dieu. De même, on ne regarde pas comme un dieu l'hyperboréen Abaris, qui possédait cependant le merveilleux pouvoir de se transporter d'un lieu dans un autre avec la rapidité d'une flèche [140], ni le Clazoménien [Hermotime] dont, entre autres traits surprenants, on raconte que l'âme s'échappant du corps qu'elle animait, errait çà et là seule et libre [141]; ni Cléomène d'Astypalée qui, étant entré dans un coffre et en tenant le couvercle fermé sur lui, n'y fut plus trouvé. Ceux qui, pour le prendre, brisèrent le coffre, constatèrent qu'il s'était échappé par une puissance merveilleuse [142]. On pourrait citer bien d'autres histoires de ce genre [143].

En rendant un culte à leur supplicié, les Chrétiens en tout cas ne font rien de

---

[133] *Cont. Cels.*, III, 17.
[134] *Cont. Cels.*, III, 18.
[135] *Cont. Cels.*, III, 19.
[136] Passage inséré sur une indication d'Origène. —*Cont. Cels.*, III, 22, *init.*
[137] *Cont. Cels.*, III, 22.
[138] Passage inséré pour l'ordre et la liaison des idées.
[139] *Cont. Cels.*, III, 26.
[140] *Cont. Cels.*, III, 31.
[141] *Cont. Cels.*, III, 32.
[142] *Cont. Cels.*, III, 33.
[143] *Cont. Cels.*, III, 34.

plus que les Gètes avec Zamolxis, les Ciliciens avec Mopse, les Acharnaniens avec Amphiloque, les Thébains avec Amphiaraos, les Lébadiens avec Trophonios [144]. De la même manière aussi les Égyptiens ont élevé des autels à Antinoüs et lui rendent des honneurs religieux [145] : sans songer pourtant à le mettre sur le même pied que Zeus et Apollon [146]. Tant a de puissance la foi qui embrasse le premier objet qui se présente [147] ! C'est cette foi aveugle dont ils sont entêtés qui a créé cette faction de Jésus [148]. D'un être qui a eu un corps mortel, ils font un dieu, et croient en cela agir avec piété. Sa chair cependant était plus corruptible que l'or, l'argent ou la pierre ; elle était faite du plus impur limon. Peut-être [diront-ils] qu'en se dépouillant de cette corruption il sera devenu dieu ? Mais pourquoi ne le dirait-on pas plutôt d'Asclépios, de Dionysos et d'Héraclès [149] ? Ils se rient de ceux qui adorent Zeus, sous prétexte qu'on montre en Crète son tombeau, sans savoir ni pourquoi ni comment les Crétois font cela, et eux aussi ils adorent un homme qui a été mis au tombeau [150].

Voici de leurs maximes : «Loin d'ici ceux qui ont quelque culture, quelque sagesse ou quelque jugement ; ce sont mauvaises qualités, à nos yeux : mais que les ignorants, les esprits bornés et incultes, les simples, viennent hardiment.» En reconnaissant que de tels hommes sont dignes de leur dieu, ils montrent bien qu'ils ne veulent et ne savent gagner que les niais, les âmes viles et sans intelligence, des esclaves, de pauvres femmes et des enfants [151]. Quel mal y a-t-il donc à avoir l'esprit cultivé, à aimer les belles connaissances, à être sage et à passer pour tel ? Est-ce que cela est un obstacle à la connaissance de Dieu ! N'est-ce pas plutôt une aide et un secours pour atteindre la vérité [152] ?

On ne voit pas, il est vrai, les coureurs de foire et les charlatans ambulants s'adresser aux hommes de sens et oser faire leurs tours devant eux ; mais s'ils aperçoivent quelque part un groupe d'enfants, d'hommes de peine ou de gens sans éducation, c'est là qu'ils plantent leurs tréteaux, exhibent leur industrie et se font admirer [153].

Nous voyons de même dans l'intérieur des familles, des cardeurs, des cordon-

---

[144] *Cont. Cels.*, III, 34.
[145] *Cont. Cels.*, III, 36.
[146] *Cont. Cels.*, III, 31.
[147] *Cont. Cels.*, III, 38.
[148] *Cont. Cels.*, III, 39.
[149] *Cont. Cels.*, III, 41, 42.
[150] *Cont. Cels.*, III, 43.
[151] *Cont. Cels.*, III, 44.
[152] *Cont. Cels.*, III, 49.
[153] *Cont. Cels.*, III, 50.

niers, des foulons, des gens de la dernière ignorance et tout à fait dénués d'éducation, qui n'osent ouvrir la bouche devant leurs maîtres, hommes d'expérience et de jugement ; mais s'ils peuvent attraper en particulier les enfants de la maison ou des femmes qui n'ont pas plus de raison qu'eux-mêmes, ils débitent leurs merveilles : qu'il ne faut pas écouter le père ni les précepteurs, mais que c'est eux seuls qu'il faut croire ; que ceux-ci sont des fous qui ne savent ce qu'ils disent, qu'ayant l'esprit perdu d'extravagantes visions, ils ignorent le vrai bien et sont incapables de le faire ; qu'eux seuls savent à fond comment on doit vivre, que les enfants se trouveront bien de les suivre, et que par eux le bonheur viendra sur toute la famille. Si pendant qu'ils pérorent de la sorte, quelque personne de poids survient, un des précepteurs ou le père lui-même, les plus timides se taisent par crainte, mais ceux qui sont plus effrontés ne laissent pas d'exciter les enfants à secouer le joug, insinuant à demi-voix qu'ils ne peuvent ou ne veulent rien leur apprendre devant leur père ou leurs précepteurs pour ne pas s'exposer à la colère et à la brutalité de ces gens corrompus et enfoncés dans l'abîme du vice, qui les feraient punir ; mais que, s'ils veulent savoir, ils n'ont qu'à laisser père et précepteurs et à venir avec les femmes et leurs petits camarades dans l'appartement des femmes ou dans l'échoppe du cordonnier, ou dans la boutique du foulon, afin d'y apprendre la vie parfaite. Voilà comme ils s'y prennent pour gagner des adeptes [154].

Je ne dis rien de trop fort, et dans mes accusations, je ne sors pas de la vérité. En voici la preuve. Dans les autres mystères, quand il s'agit des initiations, on entend proclamer solennellement : « Approchez, vous seulement qui avez les mains pures et la langue prudente. » Et encore : « Venez, vous qui êtes nets de tout crime, vous, dont la conscience n'est chargée d'aucun remords, vous qui avez bien et justement vécu. » C'est ainsi que s'expriment ceux qui convoquent aux cérémonies lustrales. Écoutons maintenant quelle espèce de gens ceux-ci invitent à leurs mystères : « Quiconque est pécheur, quiconque est sans intelligence, quiconque est faible d'esprit, en un mot, quiconque est misérable, qu'il approche, le royaume de Dieu est pour lui. » Or, en disant le pécheur, n'entendez-vous pas l'injuste, le brigand, le briseur de portes, l'empoisonneur, le sacrilège, le violateur de tombeaux ? Quels autres appellerait un chef de voleurs pour former sa troupe [155] ?

C'est donc que Dieu a été envoyé pour les pécheurs [156]. Pourquoi n'a-t-il pas

---

[154] *Cont. Cels.*, III, 55.
[155] *Cont. Cels.*, III, 59.
[156] *Cont. Cels.*, III, 62.

été envoyé pour ceux qui ne pèchent point? Quel mal y a-t-il à être exempt de péché[157]? L'injuste [disent-ils] s'il s'abaisse dans le sentiment de sa misère, Dieu le recevra; mais si le juste, fort de sa conscience, lève les yeux vers lui, il en sera rejeté[158]. Mais quand les justes juges ici-bas ne souffrent pas que les coupables qui leur sont déférés se répandent en plaintes et en lamentations, de peur de donner plus à la pitié qu'à la justice, Dieu dans ses jugements sera moins accessible à la justice qu'à la flatterie[159]! Ils disent bien et avec vérité, que nul mortel n'est sans péché. Où est en effet l'homme parfaitement juste et irréprochable? Tous les hommes sont par nature enclins à mal faire. Il fallait donc appeler indistinctement tous les hommes, puisque tous sont pécheurs[160]. Pourquoi donc cette préférence accordée aux pécheurs? [Pourquoi sont-ils particulièrement désignés au choix de Dieu, mis hors de pair et avant les autres? Pourquoi cette prérogative pour les moins dignes? N'est-ce pas outrager Dieu et la vérité que de faire ainsi acception de personnes et de quelles personnes[161]? Sans doute, ils attribuent ce choix à Dieu dans l'espoir d'attirer plus aisément à eux les méchants et parce qu'ils ne peuvent pas gagner les autres qui ne se laissent pas prendre[162]. Et par là même, est-ce qu'ils rendront les méchants meilleurs? On en peut douter[163].] Chacun sait que ceux chez lesquels l'habitude a fixé et confirmé le penchant naturel au mal ne s'amendent ni par le châtiment ni par la douceur. C'est la chose la plus difficile du monde que de changer absolument de nature. Mais ce sont ceux qui ne pèchent point qui doivent avoir en partage une vie plus heureuse[164]. Ils prétendent se tirer d'affaire en disant que Dieu peut tout; mais Dieu ne peut vouloir rien d'injuste[165].

Ainsi [à les entendre] Dieu, semblable à ceux qui se laissent vaincre à la compassion se montre complaisant pour les méchants qui savent le toucher, mais repousse et délaisse les bons qui n'en savent pas faire autant. Ce qui est une grande injustice[166].

Écoutez leurs docteurs: «Les sages, disent-ils, repoussent notre doctrine,

---

[157] *Cont. Cels.*, III, 62.
[158] *Cont. Cels.*, III, 62.
[159] *Cont. Cels.*, III, 63.
[160] *Cont. Cels.*, III, 63.
[161] Restitution sur une double indication d'Origène, §64, *init.*
[162] La restitution de cette dernière phrase se ronde sur une indication fort précise d'Origène. — *Cont. Cels.*, III, 65, *init.*
[163] Ces deux dernière phrases sont nécessaires pour lier les idées.
[164] *Cont. Cels.*, III, 65, *in fine*.
[165] *Cont. Cels.*, III, 70.
[166] *Cont. Cels.*, III, 71.

séduits qu'ils sont et détournés par leur sagesse.» Mais cette doctrine est entièrement ridicule, et quel homme de jugement voudrait l'embrasser? La seule considération de la foule de ceux qui la suivent, suffit à la faire mépriser[167]. Leurs docteurs ne cherchent et ne trouvent pour disciples que des hommes sans intelligence et des esprits épais[168].

Ces docteurs ressemblent assez bien à ces empiriques qui se font fort de rendre la santé à un malade, mais ne veulent pas qu'on appelle de savants médecins, de peur que ceux-ci ne dévoilent leur ignorance. Ils s'efforcent de rendre la science suspecte. «Laissez-moi faire, [disent-ils] je vous sauverai moi seul; les médecins ordinaires tuent ceux qu'ils se vantent de guérir[169].» Ils ressemblent aussi à des gens ivres qui, parmi leurs pareils, accuseraient des hommes sobres d'être pris de vin[170]. De même encore ce sont des myopes qui voudraient persuader à des myopes comme eux que ceux qui ont de bons yeux ne voient goutte[171].

On pourrait aisément s'étendre sur ce point. Mais il faut se borner. Je me contente de dire qu'ils s'élèvent contre Dieu et lui font injure, lorsque pour gagner des méchants ils les bercent de folles espérances, persuadant aux hommes de mépriser des biens qui valent mieux que tout ce qu'ils promettent et de les abandonner pour être plus heureux[172].

---

[167] *Cont. Cels.*, 72, 73. —Cette dernière idée est exprimée aussi par Sénèque: *Argumentum pessimi turba.*
[168] *Cont. Cels.*, III, 74.
[169] *Cont. Cels.*, III, 75.
[170] *Cont. Cels.*, III, 76.
[171] *Cont. Cels.*, III, 77.
[172] *Cont. Cels.*, III, 78.

DEUXIÈME PARTIE :
OBJECTIONS CONTRE L'APPARITION DE DIEU OU D'UN PERSONNAGE DIVIN DANS LE MONDE ET POLÉMIQUE CONTRE LES LÉGENDES PUÉRILES ET LES PRÉTENTIONS ORGUEILLEUSES DES JUIFS

Quelques chrétiens et quelques Juifs déclarent, ceux-ci, qu'un Dieu ou un fils de Dieu doit descendre sur la terre pour justifier les hommes, ceux-là, qu'il est déjà venu : idée si basse en vérité, qu'il n'est pas besoin d'un long discours pour la réfuter [173].

Dans quel dessein Dieu descendrait-il ici-bas ? Est-ce pour apprendre ce qui se passe parmi les hommes ? Mais ne sait-il pas toutes choses ? Ou sait-il toutes choses sans remédier à rien, et sa puissance divine est-elle si bornée qu'il ne peut rien corriger, s'il [ne vient lui-même ou s'il] n'envoie tout exprès quelqu'un dans le monde [174] ?

Si l'on entend qu'il doit descendre lui-même sur la terre, il lui faudra donc abandonner le siège de son gouvernement ? Or, s'il se fait ici le plus petit changement, l'univers entier se détraque et est bouleversé [175]. Serait-ce que Dieu étant ignoré des hommes, et trouvant qu'en cela quelque chose lui manquait, voulut se faire voir et éprouver lui-même les fidèles et les incrédules ? — C'est lui prêter un mouvement de vanité tout humaine et l'assimiler à ces parvenus empressés de faire étalage de leurs richesses nouvelles [176]. Dieu n'a pas besoin pour lui-même d'être connu. C'est pour notre bien qu'il a voulu se faire connaître à nous, afin de sauver ceux qui ayant embrassé cette connaissance, seront devenus vertueux, et punir ceux qui l'ayant rejetée, auront découvert leur malice. Mais quoi ? Doit-on croire qu'après tant de siècles, Dieu s'est enfin souvenu de justifier les hommes, et qu'auparavant il n'en avait nul souci [177] ? Il paraît bien que c'est donner de Dieu une idée peu conforme à la sagesse et à la vraie piété. [La résurrection, le jugement, les peines et les supplices après la mort sont inventions de même force]

---

[173] *Cont. Cels.*, IV, 2.
[174] *Cont. Cels.*, IV, 3.
[175] *Cont. Cels.*, IV, 5.
[176] *Cont. Cels.*, IV, 6.
[177] *Cont. Cels.*, IV, 7.

et vain épouvantail destiné à effrayer les âmes faibles, comme les spectres et les fantômes qu'on fait paraître dans les mystères de Bacchus pour frapper l'imagination [178]. Tout cela est fondé sur de vieilles histoires mal comprises [179]. Ils ont entendu dire qu'après la révolution de longs siècles, le retour et la conjonction des astres, des embrasements et des déluges se produisent. Or, comme après le dernier cataclysme qui a eu lieu au temps de Deucalion, l'ordre et les vicissitudes des choses doivent amener un embrasement, ils se sont fondés là-dessus pour s'aviser de dire sans raison que Dieu devait descendre ici-bas armé de feu comme pour donner la question [180].

Prenons les choses de haut et raisonnons un peu. Je ne veux alléguer aucune nouveauté, mais je m'attache à des idées dès longtemps consacrées : Dieu est bon, beau, heureux ; il est le souverain bien et la beauté parfaite. S'il descend dans le monde, il subira nécessairement un changement [et ce changement sera une déchéance]. Sa bonté se changera en méchanceté, sa beauté en laideur, sa félicité en misère, sa perfection en une infinité de défauts. Qui donc voudrait changer de la sorte ? Un changement et une altération de cette espèce sont compatibles sans doute avec une nature mortelle ; mais l'essence immortelle demeure nécessairement identique et immuable. Donc, un pareil changement ne saurait convenir à Dieu [181]. De deux choses l'une donc : ou c'est véritablement et en effet que Dieu se change, comme ils disent, en un corps mortel ; mais, on l'a dit déjà, il ne le peut [182] : ou bien quoiqu'il ne change pas en effet, il fait cependant qu'il paraît changé aux yeux, et alors il trompe et ment. Or, la tromperie et le mensonge sont toujours dignes de blâme, à moins que l'on ne s'en serve comme d'un remède pour soulager des amis malades ou d'esprit troublé, ou comme d'un moyen pour se délivrer de ses ennemis. Mais Dieu n'a pas pour amis des gens malades et d'esprit troublé ; et d'autre part, il ne craint personne au point d'être contraint d'avoir recours à la tromperie dans le danger [183].

[Juifs et chrétiens s'évertuent chacun de leur côté sur le divin messager ; les uns expliquent pourquoi il doit venir, les autres pourquoi il est déjà venu [184].] « Le monde, disent les premiers, étant tout rempli de vices, il est nécessaire que Dieu y envoie quelqu'un afin que justice soit faite des méchants et que toute souillure

---

[178] *Cont. Cels.*, IV, 10.
[179] *Cont. Cels.*, IV, 11, *init.*
[180] *Cont. Cels.*, IV, 11.
[181] *Cont. Cels.*, IV, 14.
[182] *Cont. Cels.*, IV, 18.
[183] *Cont. Cels.*, IV, 18.
[184] Restitution sur une indication très explicite d'Origène. — *Cont. Cels.*,., 20, init.

soit nettoyée comme jadis par le premier déluge [et la destruction de la tour [185]. »] A quoi les chrétiens ajoutent de leur côté : qu'à cause des péchés des Juifs, le fils de Dieu a été envoyé déjà, mais que ceux-ci l'ayant fait mourir et l'ayant abreuvé de fiel, ont attiré sur eux la colère divine [186]. [Y a-t-il rien de plus étrange que ces discours, et de plus risible que cette espèce de débat ?] Juifs et chrétiens ne font-ils pas bien l'effet d'une troupe de chauves-souris, de fourmis sortant de leurs trous, de grenouilles campées près d'un marais, ou de vers tenant assemblé dans le coin d'un bourbier [187] et disputant ensemble qui d'entre eux sont les plus grands pécheurs ? Ne semble-t-il pas qu'on entende ces bestioles dire entre elles : « C'est à nous que Dieu révèle et annonce d'avance toutes choses ; il n'a souci du monde entier ; il laisse les cieux et la terre rouler à l'aventure pour ne s'occuper que de nous seuls ; avec nous seuls, il communique par ses messagers et ne cesse de nous en envoyer, uniquement désireux de lier société avec nous. Il est [avant toutes choses] et nous venons après lui, nous qu'il a faits entièrement semblables à lui. Tout nous est soumis, la terre, l'eau, l'air et les astres, et toutes les autres choses ont été faites pour nous et destinées à notre service. Et puisque plusieurs d'entre nous ont péché, Dieu viendra, ou il enverra son propre fils pour brûler les méchants et nous faire jouir nous autres avec lui de la vie éternelle. » Un pareil langage serait assurément plus supportable chez des vers et des grenouilles qu'il ne l'est dans la dispute des Juifs et des chrétiens [188]. [Mais les Juifs qui se mettent en ce haut rang et prêtent à Dieu une si grande sollicitude à leur égard, qui sont-ils donc [189] ?] Des esclaves échappés d'Égypte en fugitifs. Ces hommes [qui se prétendent si chers à Dieu] n'ont jamais rien fait qui fût digne de mémoire, n'ont jamais compté pour rien dans le monde [190]. [Pour se donner des titres de noblesse], ils ont prétendu faire remonter leur origine à la souche même des goètes et des premiers vagabonds, et ont allégué, à cet effet, on ne sait quels noms obscurs, équivoques, couverts d'ombres épaisses qu'ils expliquent aux ignorants et aux imbéciles, quoique jamais dans la longue suite des âges passés, il n'en ait été question [191], et à propos desquels ils disputent vainement avec d'autres [192].

[Parmi les peuples les plus anciens, Athéniens, Égyptiens, Arcadiens, Phry-

---

[185] *Cont. Cels.*, IV, 20. — Les derniers mots n'appartiennent pas à la citation mais sont indiqués dans le même paragraphe.
[186] *Cont. Cels.*, IV, 22.
[187] L'intention satirique est manifeste dans ce dernier mot.
[188] *Cont. Cels.*, IV, 23.
[189] Passage nécessaire, semble-t-il, pour la transition et la liaison des idées.
[190] *Cont. Cels.*, IV, 31.
[191] *Cont. Cels.*, IV, 33.
[192] *Cont. Cels.*, IV, 35, *in fine*.

giens et autres, de vénérables légendes, placent au commencement du monde une première génération d'hommes issus de la terre [193].] Les Juifs, ramassés dans un coin de la Palestine, gens tout à fait sans lettres, et qui n'avaient jamais entendu dire que ces choses avaient été chantées autrefois par Hésiode et par beaucoup d'autres génies divinement inspirés, se sont avisés d'une très incroyable et d'une très grossière histoire : à savoir que Dieu avait de ses mains fabriqué un homme, avait soufflé sur lui, tiré une femme d'une de ses côtes, leur avait donné des ordres contre lesquels un serpent s'était élevé, que ce serpent, à la fin, avait prévalu contre les commandements de Dieu, fable bonne pour des vieilles femmes , récit, où, contre la piété, on fait Dieu si faible dès le commencement, qu'il ne peut se faire obéir d'un seul homme qu'il a formé lui-même [194].

On nous parle ensuite d'un certain déluge et d'une arche extraordinaire, contenant tous les êtres du monde, d'un pigeon et d'une corneille servant de messagers, autant de faits arrangés et composés avec l'histoire de Deucalion. Les auteurs de ce beau récit n'avaient songé qu'à amuser de petits enfants et ne se doutaient pas qu'il dût jamais paraître au grand jour [195].

[Faut-il suivre ces contes puérils?] Des enfants nés à des femmes hors d'âge, les inimitiés et les embûches de frères, des tromperies de mères, Dieu donnant à ses enfants des ânes, des brebis et des chameaux, et des puits aux justes, encore des rivalités fraternelles, l'horrible vengeance de deux frères contre ceux de Sichem, l'aventure de Lot et de ses filles, plus abominable que celle de Thyeste, les frères vendeurs, le frère vendu, le père trompé, l'affaire du grand panetier et du grand échanson du roi et celle de Pharaon lui-même expliquée par Joseph, la délivrance et la merveilleuse fortune de celui-ci, les frères amenés par la famine en Égypte, la scène de reconnaissance, le transport du corps du père au tombeau, et par le crédit de Joseph, l'illustre et divine race des Juifs prenant racine en Égypte, s'y multipliant, cantonnée dans le plus vil coin du pays, et s'en échappant ensuite en fuyant [196].

Les plus sensés des Juifs et des chrétiens rougissent de toutes ces ridicules fictions et tâchent de se tirer d'embarras en ayant recours à l'allégorie [197]. Mais ces récits n'admettent pas l'allégorie, et celles qu'on a essayées sont plus honteuses et

---

[193] Restitution sur une indication fort explicite d'Origène. — *Cont. Cels.*, IV, 36. Le passage dans le texte de Celse devait être plus développé.

[194] *Cont. Cels.*, IV, 36.

[195] *Cont. Cels.*, IV, 41.

[196] *Cont. Cels.*, IV, 42, 47. Ces divers traits sont épars dans ces cinq paragraphes. Ils devaient être apparemment cousus ainsi bout à bout et présentés d'une façon burlesque.

[197] *Cont. Cels.*, IV, 48.

plus absurdes encore que les récits mêmes, en ce qu'elles trahissent l'effort extravagant qu'on a fait pour établir des rapports entre des choses où l'on n'en saurait trouver l'ombre[198]. Témoin la controverse de *Papisque et de Jason*[199], livre plus propre à exciter la pitié et l'indignation que le rire. Je ne me propose pas de le réfuter. Son absurdité saute aux yeux quand on a le courage de le parcourir. Mieux vaut apprendre [à ceux qui l'ignorent] quelle est la nature des choses ; que Dieu n'a rien fait de mortel ; que les essences immortelles seules sont ses ouvrages, et que c'est par celles-ci que les êtres mortels ont été faits. L'âme est donc l'œuvre de Dieu, mais le corps est d'autre nature, et à cet égard, il n'y a nulle différence entre le corps d'une chauve-souris ou d'une grenouille et celui d'un homme, car ils sont formés de la même matière et également sujets à la corruption[200]. La nature de tous les corps est la même, soumise aux mêmes vicissitudes, au même flux et reflux universel[201]. De tout ce qui naît de la matière, rien n'est immortel[202]. Mais sur ce sujet, en voilà assez. Qui en voudrait savoir davantage, n'a qu'à suivre jusqu'au bout nos recherches[203].

[Pour ce qui est du mal], il n'y a jamais eu, il n'y aura jamais dans le monde ni plus ni moins de maux qu'il n'y en a aujourd'hui. La nature de l'univers est une et toujours semblable à elle-même, et la génération des maux toujours la même[204]. Il n'est pas aisé de connaître l'origine des maux quand on n'est pas philosophe. Il suffit de dire au commun des hommes que les maux ne viennent point de Dieu, qu'ils sont liés à la matière et inséparables des natures mortelles, que depuis le commencement jusqu'à la fin, les choses roulent dans le même cercle, et partant, qu'il est nécessaire que, selon l'ordre immuable des révolutions, ce qui a été, ce qui est et ce qui sera, soit toujours de même[205].

Le monde visible [d'autre part] n'a pas été donné à l'homme. Toutes choses naissent et périssent pour le bien commun de l'ensemble, par une incessante transformation d'éléments. Il n'y aura jamais ni plus ni moins de maux dans le monde, et il n'est pas besoin que Dieu corrige enfin son ouvrage[206]. Il n'est pas

---

[198] *Cont. Cels.*, IV, 51.
[199] S. Maxime et S. Jérôme font mention de ce dialogue qui n'est pas venu jusqu'à nous.
[200] *Cont. Cels.*, IV, 52, 56.
[201] *Cont. Cels.*, IV, 60.
[202] *Cont. Cels.*, IV, 61.
[203] *Cont. Cels.*, IV, 61.
[204] *Cont. Cels.*, IV, 62.
[205] *Cont. Cels.*, IV, 65.
[206] *Cont. Cels.*, IV, 69.

sûr que ce qui vous paraît un mal soit un mal en effet, car vous ne savez point si ce n'est point une chose utile à vous, à quelque autre ou à l'ensemble[207].

[Pour qui comprend cet ordre universel et invariable, y a-t-il rien de plaisant comme d'entendre les Juifs et les chrétiens attribuer à Dieu les mœurs et les manières d'un homme, que de les voir lui prêtant des paroles de colère, d'invective ou de menace[208].] Et y a-t-il rien de plus ridicule qu'un homme irrité contre les Juifs, les ait tous exterminés grands et petits, ait brûlé leurs villes, les ait réduits à rien, et que tout l'effet de la colère, de la fureur, des menaces du grand Dieu, comme ils disent, soit d'envoyer son fils au monde, où il souffre tout ce qu'on sait.

Mais ce n'est pas seulement des Juifs que je veux parler ; c'est de la nature entière, comme je l'ai promis. Je vais expliquer plus clairement ce que j'ai dit ci-dessus[209].

[Il est puéril de prétendre que toutes choses aient été faites pour l'homme[210].] Dieu apparemment n'est pas l'auteur du tonnerre, des éclairs et de la pluie. Et quand on accorderait qu'il en est l'auteur, on ne peut pas dire que par la pluie Dieu prépare plutôt la nourriture des hommes que celle des plantes, des arbres, des herbes et des épines ; et si l'on dit que toutes ces productions de la terre croissent pour l'homme, pourquoi plutôt pour l'homme que pour les animaux sauvages et sans raison[211] ? [Ceux-ci mêmes ne paraissent-ils pas avoir été mieux traités que nous[212] ?] Avec tout notre travail et toutes nos sueurs, nous avons grand'peine à trouver de quoi vivre. Mais eux, ils n'ont que faire de semer et de labourer. Toutes choses leur naissent d'elles-mêmes[213]. Euripide, dira-t-on, a écrit : « Le soleil et la nuit sont au service de l'homme. » Mais pourquoi plutôt de l'homme que des fourmis et des mouches ? La nuit ne leur sert-elle pas [comme à nous] pour se reposer, la lumière du soleil pour voir clair et travailler[214] ? Si l'on dit que nous sommes les rois des animaux parce que nous les prenons à la chasse

---

[207] *Cont. Cels.*, IV, 70.

[208] Restitution d'après les indications d'Origène aux paragraphes 71 et 72.

[209] *Cont. Cels.*, IV, 37.

[210] Phrase ajoutée ici pour servir de transition. V. *Cont. Cels.*, IV, 74, *init.*

[211] *Cont. Cels.*, IV, 75.

[212] Phrase ajoutée pour lier plus étroitement les idées. — *Cont. Cels.*, IV, 70.

[213] Lucrèce exprime les mêmes idées dans le beau passage du V⁰ livre du *De Natura Rerum*, où il oppose la misère de l'homme à la vie facile des animaux.

At variae crescent pecudes, armenta feraaque.
....
Quando omnibus omnia large
Tellus ipsa pearit natureque daedala rerum.

[214] *Cont. Cels.*, IV, 77. Cf. Euripid., *Phaeniss.*, V, 512.

et les mangeons, pourquoi ne pas croire que c'est nous, plutôt, qui sommes faits pour eux, puisqu'ils nous prennent aussi et nous dévorent ? Et nous, pour les prendre, nous avons besoin d'un appareil de rets, d'armes, de piqueurs et de chiens, tandis que les bêtes sauvages, pour venir à bout des hommes, ont assez des seules armes dont la nature les a pourvus [215]. Vous prétendez que c'est Dieu qui nous a donné le pouvoir de les prendre et d'en user à notre fantaisie ; mais il y a grande apparence qu'avant que les hommes eussent formé des sociétés, bâti des villes, inventé les arts, fabriqué des armes et des rêts, ils étaient plus souvent pris et mangés par les bêtes sauvages que celles-ci par eux [216].

Vainement l'on dira que les hommes l'emportent sur les animaux en ce qu'ils construisent des villes, forment des États, ont des magistrats et des chefs pour les gouverner. On en voit tout autant chez les fourmis et les abeilles. Les abeilles ont leur roi qu'elles suivent et auquel elles obéissent. Elles ont comme nous des guerres, des victoires, des exterminations de vaincus ; comme nous des villes et des faubourgs ; comme nous des heures de travail et de repos [217] ; comme nous des châtiments pour la paresse et la perversité. Elles chassent et tuent les frelons [218].

[Et les fourmis, soutiendra-t-on qu'elles sont inférieures à l'homme en prévoyance on pour le souci de l'avenir ? Qui ignore avec quel zèle elles font leurs provisions d'hiver [219].] On les voit venir en aide à leurs pareilles quand elles sont fatiguées [220]. Celles qui meurent sont portées dans un lieu déterminé qui est comme leur tombeau de famille. Quand elles se rencontrent, elles s'entretiennent ensemble, et ainsi les égarées sont remises dans le bon chemin. Elles ont donc en quelque sorte la plénitude de la raison, certaines notions générales du sens commun et une voix pour se communiquer tout ce qu'elles veulent [221]. Pour

---

[215] *Cont. Cels.*, IV, 78. —Montaigne écrit aussi dans l'Apologie de Raym. de Sebonde, liv. II, ch. xii : Comme nous allons à la chasse des bestes, ainsy vont tigres et lions à la chasse des hommes. —Et dans le même livre, une page plus loin : Les poulx sont suffisants pour faire vacquer la dictature de Sylla : C'est le déjeuner d'un petit ver que le cœur et la vie d'un grand et triomphant empereur.

[216] *Cont. Cels.*, IV, 79.

[217] Quelle sorte de nostre suffisance ne recognoissons-nous aux opérations des animaulx ? Est-il police réglée avecques plus d'ordre, diversifiée à plus de charges et d'offices, et plus constamment entretenue que celle des mouches à miel ? Cette disposition d'actions et de vacations si ordonnée, la pouvons-nous imaginer se conduire sans discours et sans prudence ? —Montaigne, liv. et chap. cit.

[218] *Cont. Cels.*, IV, 81.

[219] Indication d'Origène qui analyse ou résume ici au lieu de citer. *Cont. Cels.*, IV, 83, *init.*

[220] *Cont. Cels.*, IV, 83.

[221] *Cont. Cels.*, IV, 84.

qui regarderait du haut du ciel sur la terre, quelle différence donc entre les actions des fourmis et des abeilles et les nôtres[222]?

L'homme tire-t-il vanité de connaître les secrets de la magie? Encore sur ce point les serpents et les aigles l'emportent sur lui. Ils connaissent en effet nombre de remèdes mystérieux contre les maladies et les autres maux. Ils connaissent les vertus de certaines pierres qu'ils emploient pour guérir leurs petits. Ces pierres, quand nous les trouvons, nous ne doutons pas de posséder un trésor merveilleux[223].

Si l'on se figure que l'homme est supérieur aux animaux en ce qu'il est capable de s'élever jusqu'à l'idée de Dieu; qu'on sache que, parmi les animaux, plusieurs ne le cèdent pas à l'homme sur ce point. Rien de divin sans doute comme de savoir et d'annoncer d'avance l'avenir. Mais cette prescience nous la tenons des autres animaux, et particulièrement des oiseaux. Les devins ne sont rien que les interprètes de leurs prédictions. Si donc les oiseaux, pour ne pas parler de tous les autres, nous indiquent par des signes tout ce que Dieu leur a révélé, il suit de là qu'ils sont dans une intimité plus étroite que nous avec la divinité, nous passent en cette science et sont plus chers à Dieu que nous.

Il y a des hommes fort éclairés qui disent aussi que les oiseaux communiquent entre eux, et sans doute d'une manière plus sainte que nous. Ils ajoutent que, peureux, ils entendent leur langage, et le prouvent lorsque après nous avoir averti que les oiseaux disent qu'ils iront en tel lieu et feront telle ou telle chose, ils nous les montrent qui y vont ou qui la font en effet. Y a-t-il quelque être qui soit plus fidèle au serment et plus religieux que les éléphants? C'est apparemment parce qu'ils ont la connaissance de Dieu[224]. [Les cigognes aussi l'emportent sur les hommes en piété filiale, en ce qu'elles nourrissent ceux qui leur ont donné le jour, et rendent ainsi à leurs parents ce qu'elles en ont reçu; et de même le phénix, cet oiseau d'Arabie qui, après plusieurs années, transporte en Égypte le corps de son père, enfermé dans une boule de myrrhe comme dans un tombeau, et le pose dans le lieu où est le temple du Soleil[225].] Il faut donc rejeter cette pensée que le monde a été fait pour l'homme: il n'a pas plus été fait pour l'homme que pour le lion, l'aigle ou le dauphin. Il a été fait de telle sorte qu'il fût parfait et achevé comme il convenait à l'œuvre de Dieu. C'est pourquoi toutes les parties qui le composent ne sont pas ajustées à la mesure de l'une d'entre elles, mais chacune se rapporte à l'ensemble et en dépend. C'est de cet ensemble que Dieu

---

[222] *Cont. Cels.*, IV, 85.
[223] *Cont. Cels.*, IV, 86.
[224] *Cont. Cels.*, IV, 88.
[225] Restitution d'après une indication très explicite d'Origène. *Cont. Cels.*, IV, 98.

prend soin. Sa Providence ne l'abandonnera jamais. Cet ensemble ne se gâte ni ne s'altère. Dieu, après un long temps [d'oubli], ne se ressouvient pas d'y revenir[226]. Il ne s'irrite pas plus au sujet des hommes qu'au sujet des singes et des rats. Il ne menace aucun être, car chacun d'eux garde la place et la fonction qu'il a reçues en partage[227].

Donc, ô Juifs et Chrétiens, nul Dieu ni fils de Dieu n'est descendu ni ne descendra jamais ici-bas. Voulez-vous dire que ce sont des envoyés de Dieu ? Mais que sont-ils à votre gré ? Des dieux ou quelque autre chose ? Je vous entends, c'est quelque autre chose, à savoir, des démons[228]. Des envoyés de Dieu sur la terre chargés de faire du bien aux hommes, que pourrait-ce être sinon des démons[229] ?

Pour ce qui est des Juifs, il y a d'abord lieu de s'étonner que des hommes qui adorent le ciel et les anges du ciel ne fassent nul état du soleil et de la lune, des astres fixes ou errants, c'est-à-dire de ce qu'il y a de plus auguste et de plus puissant dans le ciel, comme s'il était admissible que le tout fût Dieu et que les parties qui le composent n'eussent rien de divin, comme s'il était juste d'honorer d'un culte religieux ces êtres qui, par l'effet de coupables opérations magiques ou dans les illusions du rêve, apparaissent, dit-on, on ne sait où dans les ténèbres, sous forme de fantômes, à des gens endormis ou à des esprits troublés, et de ne compter pour rien ces brillants hérauts du monde d'en haut, ces anges vraiment célestes qui nous font à tous des prédictions si claires et si lumineuses, qui dispensent la pluie, la chaleur, les nuées, les tonnerres que les Juifs adorent, les éclairs, les fruits et toutes les productions de la terre, et auxquels eux-mêmes ils doivent la connaissance de Dieu[230].

C'est une autre de leurs extravagances de croire qu'après que Dieu aura allumé le feu, comme un cuisinier, tout le reste des vivants seront grillés, mais qu'eux seuls demeureront, et non seulement ceux qui se trouveront alors en vie, mais encore ceux qui seront morts depuis longtemps, lesquels on verra sortir de terre avec la même chair qu'ils avaient autrefois. C'est, à vrai dire, une espérance digne de vers. Quelle âme humaine, en effet, pourrait désirer rentrer dans la pourriture du corps ? Plusieurs même d'entre vous et d'entre les chrétiens n'acceptent pas cette croyance, mais déclarent la chose absurde, abominable et impossible[231]. Y

---

[226] *Cont. Cels.*, IV, 99.
[227] *Cont. Cels.*, IV, 99.
[228] *Cont. Cels.*, V, 2.
[229] *Cont. Cels.*, V, 5.
[230] *Cont. Cels.*, V, 6.
[231] *Cont. Cels.*, V, 14.

a-t-il un corps en effet qui, après avoir subi la corruption, puisse revenir à son premier état, et une fois dissout, se rétablir dans sa condition première ? N'ayant rien à répondre, ils ont recours à la plus absurde des défenses : que tout est possible à Dieu. Mais Dieu ne peut rien faire de honteux ni rien vouloir de contraire à la nature. Que dans une horrible perversion d'esprit nous nous soyons mis en tête quelque désir infâme, ce n'est pas à dire que Dieu puisse le réaliser, ni qu'il faille croire que la chose aura lieu. Dieu n'est pas le serviteur de nos fantaisies coupables et de nos appétits désordonnés, mais le souverain régulateur d'une nature où par lui règnent l'ordre et la justice. A l'âme, il peut bien donner une vie immortelle ; mais, comme dit Héraclite, « les corps morts valent moins que le fumier ». Rendre immortelle contre toute raison une chair toute pleine de choses qu'on ne saurait nommer décemment, c'est ce que Dieu ne saurait ni faire ni vouloir. Car Dieu est la raison de tout ce qui existe, et il ne lui est pas plus possible de rien faire contre la raison que contre lui-même [232].

[Il y aurait sans doute bien d'autres choses à objecter aux Juifs, mais enfin, après tout [233]], les Juifs, il y a de longs siècles, se sont formés en un corps de nation, ont établi des lois à leur usage, qu'ils retiennent encore aujourd'hui. La religion qu'ils observent, quoiqu'elle vaille et quoiqu'on en puisse dire, est la religion de leurs pères. En y restant fidèles, ils ne font rien que ne fassent aussi les autres hommes, qui gardent chacun les coutumes de leur pays. Et même, il est bon qu'il en soit ainsi, non seulement parce que les différents peuples ont choisi des lois différentes, et qu'il faut que dans chaque État les citoyens suivent chacun les lois établies, mais encore parce qu'il est à croire qu'au commencement les diverses parties de la terre ont été réparties comme autant de gouvernements entre autant de puissances qui les administrent chacune à sa guise, et qu'en chaque endroit tout va bien lorsqu'on se gouverne selon les règles qu'elles ont instituées. Ainsi, il y aurait de l'impiété à enfreindre les lois qu'elles ont établies en tout lieu dès l'origine [234].

On peut à ce propos s'appuyer du témoignage d'Hérodote, qui s'exprime en ces termes : « Les habitants des villes de Mérée et d'Apis, situées à l'extrémité de l'Égypte, sur les confins de la Lybie, se considérant comme Lybiens et non comme Égyptiens, et ayant à charge les rites religieux de ces derniers [235] et l'obligation de s'abstenir de la chair de vache, envoyèrent des députés à l'oracle d'Ammon déclarer qu'ils n'avaient rien de commun avec les Égyptiens, puisqu'ils habitaient

---

[232] *Cont. Cels.*, V, 14.
[233] Nous insérons cette phrase pour servir de transition.
[234] *Cont. Cels.*, V, 25.
[235] Texte d'Hérodote.

hors du Delta, et qu'ils ne partageaient pas leurs croyances : qu'ils demandaient donc la liberté de manger de tout ce qu'ils voudraient. Mais le dieu le leur défendit, répondant que toute la contrée qu'arrose le Nil dans son débordement était terre d'Égypte [236], et que tous ceux-là étaient Égyptiens qui buvaient des eaux de ce fleuve au-dessous de la ville d'Éléphantine [237]. »

Voilà ce qu'écrit Hérodote, et Ammon ne mérite pas moins qu'on lui défère, au sujet des choses divines, que les anges de Juifs. Il n'y a donc nul mal à ce que chacun garde les coutumes religieuses de son pays. Or, la variété en est grande, en effet, chez les différents peuples, et cependant chacun d'eux regarde les siennes comme les meilleures. Les Éthiopiens de Méroé n'adorent que Zeus et Dionysos, les Arabes que Dionysos et Uranie ; tous les Égyptiens adorent en commun Osiris et Isis : les Saïtes, en particulier, Athènè ; les Naucratites, depuis peu, reconnaissent pour leur dieu Sérapis, et dans chacune des autres provinces on en honore d'autres. [Les observances ne sont pas moins diverses]. Les uns s'abstiennent de la chair de brebis, regardant ces animaux comme sacrés ; les autres de la chair de chèvre, ceux-ci de la chair de crocodile, ceux-là de la chair de vache ; aucun ne touche à la chair des pourceaux, qu'ils ont en horreur. Les Scythes croient bien faire en mangeant des hommes, et parmi les Indiens, plusieurs pensent agir saintement en mangeant leurs pères, comme le raconte Hérodote. Je cite ses paroles pour montrer que je n'invente rien : « Si tous les hommes étaient mis en demeure de choisir parmi les lois de tous les peuples celles qu'ils estimeraient les meilleures, il n'est pas douteux qu'après avoir bien examiné ils se décideraient chacun pour celles de son pays ; car chaque peuple est persuadé que ses propres lois valent beaucoup mieux que celles des autres. Il faut donc réellement avoir la tête perdue pour faire un sujet de dérision des coutumes religieuses [238]. » Entre les nombreux témoignages de l'excellence que chacun attribue ses propres lois, on peut citer celui-ci : « Un jour Darius, alors roi des Perses, appela près de lui quelques Grecs qui se trouvaient à sa cour, et leur demanda à quel prix ils consentiraient à manger leurs parents. » — Ils se récrièrent, répondant que pour rien au monde ils ne feraient une pareille action. Il fit ensuite approcher quelques Indiens, de ceux qu'on appelle Calaties, qui sont dans l'usage de manger leurs pères, et leur demanda en présence des Grecs, à qui des interprètes traduisirent la question, à quel prix ils consentiraient à brûler après leur mort les corps de leurs pères. — Sur quoi ceux-ci se récrièrent aussi, le priant de ne point

---

[236] Texte d'Hérodote.
[237] Passage extrait d'Hérodote. Livre II, ch. 18. *Cont. Cels.*, V, 34.
[238] Hérodote fait allusion aux sacrilèges de Cambyse à Memphis.

prononcer de semblables paroles. —Telle est la force des institutions; et Pindare me paraît avoir raison de dire que la coutume est la reine du monde[239]. »

Si donc, en vertu de ces principes, les Juifs gardent avec un zèle jaloux leur propre loi, il n'y a pas lieu de les blâmer, mais ceux-là plutôt qui abandonnent, pour passer à la religion juive, les croyances dans lesquelles ils ont été nourris. Mais si les Juifs s'arrogent le privilège de lumières plus hautes et d'une sagesse plus relevée, affectent de mépriser les autres comme des impurs et refusent d'avoir commerce avec eux, je leur répéterai que la croyance même qu'ils professent touchant le ciel ne leur appartient pas en propre, que, sans parler des autres, les Perses, comme Hérodote le rapporte, l'ont reçue il y a longtemps. «Leur coutume, dit-il, est d'aller sacrifier à Zeus, sur les plus hautes montagnes; et ils appellent Zeus toute la voûte du ciel qui s'étend sur leurs têtes[240]. » On accordera, je pense, que les noms ici sont indifférents, et qu'il importe peu que Zeus soit appelé le Très-Haut, ou Zen, ou Adonaï, ou Sabaoth, ou Ammon, comme chez les Égyptiens, ou Pappaeos, comme chez les Scythes. Il ne faut pas non plus qu'ils s'imaginent qu'ils sont plus saints que les autres parce qu'ils se font circoncire. Les Égyptiens et les Colchidiens l'ont fait avant eux; ni parce qu'ils ne mangent pas de chair de pore; les Égyptiens s'en abstiennent aussi, et, par surcroît, ils s'abstiennent même de chair de brebis, de chèvre, de vache et de poisson. Pythagore même et ses disciples défendaient de se nourrir de fèves et de tout ce qui avait eu vie. Or, à qui fera-t-on croire que tous ceux-là fussent mieux vus de Dieu, plus chers à Dieu pour cela seul que tous les autres hommes; ni que Dieu n'envoie ses anges qu'à eux seuls, comme s'ils habitaient quelque partie du séjour des bienheureux? Nous voyons bien dans quel état ils sont eux et leur pays.

Laissons donc aller cette troupe dont la vanité et l'infatuation ont reçu de si rudes leçons. Ils ne connaissent pas le grand Dieu; ils se sont laissé tromper et abuser par les prestiges de Moïse. Et on sait ce qui leur en a coûté de s'être mis à son école[241].

---

[239] Hérodote, III, 38, B.-G. F.-Didot, p. 145. *Cont. Cels.*, V, 35. Le mot de Pindare cité souvent par Platon dans le *Gorgias*; par Plutarque, *Ad princip. inerudit.*, par Clément d'Alexandrie, *Stromat.* I, *ad fin.*, est tire des *Ném.*, IX, v, 35.
[240] Cf. Hérodot., I, 131, B.-G. F.-Didot, 45.
[241] *Cont. Cels.*, V. 41.

TROISIÈME PARTIE :
OBJECTIONS CONTRE LA SECTE CHRÉTIENNE, SES DIVISIONS, SES ENSEIGNEMENTS SECRETS, SES PRATIQUES, SA DOCTRINE MORALE, THÉOLOGIQUE, COSMOGONIQUE ET ESCHATOLOGIQUE

Que l'autre troupe se présente maintenant. Je leur demanderai d'où ils viennent, à quelle loi nationale ils obéissent[242]. Ils ne pourront en alléguer aucune, car ils tirent leur origine des premiers. C'est chez eux qu'ils ont pris leur maître et leur chef. Cependant, ils se sont séparés des Juifs.

Nous laissons de côté tout ce dont on peut les convaincre sur le sujet de leur maître. Qu'on le prenne pour un vrai ange, soit ; mais est-il le premier ou le seul qui soit venu, ou n'en a-t-il paru aucun autre avant lui[243] ? S'ils disent qu'il est le seul qui soit venu il ne sera pas difficile de leur faire voir qu'ils mentent et se contredisent eux-mêmes. Ils rapportent en effet que souvent d'autres sont venus, jusqu'à soixante et soixante-dix à la fois, lesquels s'étant pervertis, ont été, en punition de leur malice, enchaînés sous la terre, si bien que les sources chaudes se sont formées de leurs larmes. Ils content encore qu'au tombeau de celui-ci, il en vint, les uns disent un, les autres deux, pour annoncer aux femmes qu'il était ressuscité ; car le Fils de Dieu, à ce qu'il paraît, n'avait pas la force d'ouvrir tout seul son tombeau, mais il avait besoin qu'un autre vint déplacer la pierre. Il vint encore un ange vers le charpentier, au sujet de la grossesse de Marie, et un autre encore pour les avertir de prendre l'enfant au plus vite et de se sauver. Et qu'est-il besoin de rechercher ici et de compter tous ceux qui furent, dit-on, envoyés à Moïse et à d'autres ? Si d'autres ont été envoyés, il suit qu'il a été envoyé par le même Dieu. Accordons même qu'il l'ait été pour un plus grand objet, comme à cause de quelque péché des Juifs, ou parce qu'ils corrompaient la religion, ou pour quelque autre attentat analogue. Car c'est ce que les chrétiens font entendre.

Ainsi, c'est un point si bien reçu qu'il n'est pas le seul qui ait été envoyé aux hommes, que ceux qui, sous prétexte de la doctrine qui porte le nom de Jésus,

---

[242] *Cont. Cels.*, V, 33.
[243] *Cont. Cels.*, V, 52.

ont abandonné le démiurge comme un Dieu plus faible et se sont attachés comme un Dieu supérieur au père de celui qui a été envoyé, ne laissent pas de dire qu'avant celui-là le démiurge en avait envoyé plusieurs parmi les hommes [244].

Ils ont donc le même Dieu, les Juifs et eux. Ceux de la grande Église au moins le reconnaissent manifestement, et reçoivent pour véritables les traditions des Juifs sur l'origine et la formation du monde, les six jours et le septième où Dieu se reposa, le nom du premier homme, la suite et la généalogie de ses descendants, les querelles et les embûches des frères, l'entrée et l'établissement en Égypte et la fuite hors de ce pays [245].

Il ne faut pas croire cependant que j'ignore que, parmi les chrétiens, les uns avouent qu'ils ont le même Dieu que les Juifs, tandis que les autres le nient, prétendant que celui qu'ils reçoivent et qui a envoyé son fils est un autre Dieu opposé au premier [246].

Je connais bien d'autres divisions et bien d'autres sectes parmi eux, les Sibyllistes, les Simoniens et parmi ceux-ci des Héléniens du nom d'Hélène ou d'Hélénos, leur maître, les Marcelliniens qui viennent de Marcellina, les Carpocratiens, issus, ceux-ci de Salomé, ceux-là de Marianne, d'autres de Marthe ; les Marcionnites relevant de Marcion, d'autres encore imaginant, ceux-ci tel maître ou tel démon, ceux-là tel autre, et se roulant au milieu d'épaisses ténèbres dans des désordres pires encore et plus outrageants pour la morale publique que ceux auxquels se livrent les compagnons du *thiase* d'Antinoüs en Égypte [247]. Et ils se chargent à l'envi les uns des autres de toutes les injures qui leur passent par la tête, rebelles à la moindre concession pour le bien de la paix, et animés les uns contre les autres d'une haine mortelle [248]. Cependant, ces hommes si divisés, et qui dans leurs querelles échangent les plus indignes outrages ont tous à la bouche leur mot : « Le monde est crucifié pour moi et je le suis pour le monde [249]. »

[Ainsi chez les chrétiens, partout la discorde, la confusion, d'ardentes et horribles disputes, des sectes sans nombre et autant d'opinions que de sectes les uns recevant les traditions des Juifs, les autres les répudiant ; et parmi ceux-mêmes qui les reçoivent, beaucoup accusant les Juifs de ne les point entendre comme il faut et leur donnant un autre sens, chacun le sien [250].]

---

[244] *Cont. Cels.*, V, 54.
[245] *Cont. Cels.*, V, 59.
[246] *Cont. Cels.*, V, 61.
[247] *Cont. Cels.*, V, 62, 63.
[248] *Cont. Cels.*, V, 63.
[249] *Cont. Cels.*, V, 64.
[250] Ce passage que nous mettons ici entre guillemets n'appartient pas à Celse. Il y a ici, à la suite

Voyons donc cependant, et, quoique leur doctrine n'ait pas de fondement solide où s'appuyer, examinons ce qu'ils débitent. Attachons-nous d'abord à ces bribes de vérités qu'ils ont recueillies et gâtées par ignorance, infatués hors de propos de principes dont ils ne savent pas même le premier mot. Voici comme ils parlent[251].

Celse citait ici sans doute plusieurs paroles évangéliques sur la connaissance et l'amour de Dieu, sur la charité, et mettait en face de ces maximes des maximes des philosophes, prétendant que ces dernières avaient plus de clarté et de force[252].

«*Tout cela, concluait-il*, a été bien mieux dit par les Grecs, et, sans cette enflure et ce ton prophétique, comme si l'on parlait de la part de Dieu et de son fils[253]. [D'ailleurs quel langage d'ennemis des Muses et de grossiers que celui dont ils se servent, et comment le mettre en parallèle avec celui des philosophes? Ceux-ci ne prétendent pas faire accroire qu'ils ont été honorés de confidences d'en haut, et ne se piquent pas d'avoir vu la vérité face à face et de la révéler tout entière. Plus sage] Platon écrit: «Que le souverain bien n'est pas une chose qui se puisse exprimer par des paroles; mais après un long commerce et une méditation assidue, il s'allume tout à coup comme une étincelle et devient pour l'âme un aliment qui la soutient à lui seul sans autre secours[254]... Si j'avais cru, dit encore Platon, que cette science pût être enseignée au peuple par des écrits ou des paroles, qu'aurais-je pu faire de mieux dans ma vie que d'écrire une chose si utile aux hommes et de mettre pour tous'la nature en pleine lumière[255]? [Mais je crois que de tels enseignements ne conviennent qu'au petit nombre d'hommes qui, sur de premières indications, savent eux-mêmes découvrir la vérité; mais non aux autres[256]] car on n'aboutirait qu'à ceci pleins d'un injuste mépris pour le reste des hommes, et enflés d'une injuste et vaine confiance en eux-mêmes, ils s'imagineraient toutes les fois qu'ils énonceraient quelque chose, qu'ils possèdent de

---

des citations, une lacune que nous avons, d'après les indications d'Origène, comblée par ces quelques mots. Le texte de Celse devait être plus étendu d'après ce mot dOrigène «Il (Celse) insiste fort longtemps sur l'accusation qu'il tire de cette diversité de sectes.» — *Cont. Cels.*, V, 65.

[251] *Cont. Cels.*, V, 65.
[252] *Cont. Cels.*, V, 65, *in fine*.
[253] *Cont. Cels.*, VI, 1.
[254] Ce texte est emprunté à la lettre VII (apocryphe), de Platon., Biblioth. Firmin-Didot, tome II, p. 540. — Origène donne deux fois ce texte; nous avons pris la seconde citation à la fin du § 3. La première commence le même §. — Le mot *souverain bien*, n'est pas dans le texte de Platon.
[255] *Cont. Cels.*, VI, 6. Cf. Plat. Ep., VII, p. 540. B. Gr. Didot.
[256] Cette phrase, qui fait suite à la précédente dans Platon, est résumée par Origène et devait faire partie de la citation de Celse.

merveilleuses connaissances [257]. Mais Platon, encore qu'il ait enseigné ce qu'il est utile de savoir, ne remplit pas ses discours de prodiges, ne ferme pas la bouche à ceux qui veulent s'enquérir de ce qu'il promet, ne commande pas de croire avant tout que Dieu est tel, qu'il a un fils de telle nature, et que ce fils, descendu tout exprès, s'est entretenu avec lui [258].

Je veux, ajoute Platon [259], m'arrêter davantage sur ce sujet, et ce que je viens de vous dire vous paraîtra plus clair. Il y a en effet une raison qui réprime la témérité de ceux qui veulent écrire sur quelqu'une de ces matières : cette raison je l'ai souvent exposée, et, à ce qu'il me semble, il faut la répéter encore. Il y a dans tout être trois choses qui sont les conditions de la science : en quatrième lieu vient la science elle-même, et en cinquième lieu il faut mettre ce qu'il s'agit de connaître : l'être véritable. La première chose est le nom, la seconde la définition, la troisième l'image, la science est la quatrième [260]. » On voit donc que Platon, bien qu'il eût dit d'abord que ces hautes vérités ne sauraient être exprimées, cependant pour ne pas paraître chercher une vaine défaite, en alléguant l'inexplicable, rend raison de la question. En effet, peut-être le néant même se peut-il expliquer [261] ? et Platon n'a jamais voulu en faire accroire ni en imposer à personne [comme ceux que l'on sait] ; il ne dit pas qu'il ait trouvé quelque chose de nouveau et qu'il vienne du ciel pour nous l'apporter, mais il reconnaît d'où il l'a pris [262]. [Il n'impose pas ses enseignements, mais les propose ; il ne promulgue pas la vérité, il l'insinue, ou plutôt la fait sortir des esprits par des interrogations bien conduites, et les convainc par les réponses mêmes qu'il en tire. Mais ici entendez les dire [263]] :

Croyez que celui dont je vous parle est le Fils de Dieu, quoiqu'il ait été lié honteusement et frappé du plus infâme supplice, quoique tout récemment il ait été traité avec la dernière ignominie. Croyez-le d'autant plus pour cela même [264]. [Encore si tous ils étaient d'accord au sujet de celui qui a été envoyé et reconnaissaient pour fils de Dieu le même Jésus. Mais il s'en faut de beaucoup [265].]

---

[257] C'est la fin du passage de Platon avec un ou deux mots modifiés. — *Cont. Cels.*, VI, 8.

[258] *Cont. Cels.*, VI, 8.

[259] Cette citation continue exactement la précédente que Celse interrompait seulement par une réflexion.

[260] *Cont. Cels.*, VI, 9. — Cf. Platon. Ep. VII. Bibl. grecq., Firmin-Didot, page 540.

[261] *Cont. Cels.*, VI, 10.

[262] *Cont. Cels.*, VI, 10.

[263] Ce passage entre guillemets n'est pas textuellement cité par Origène, mais on peut, ce semble, le rétablir de quelques indications du § 10.

[264] *Cont. Cels.*, VI, 10, *ad. fin.*

[265] Cette phrase, qui n'appartient pas aux extraits d'Origène, est comme une transition forcée.

Or, si les uns proposent celui-ci, les autres un autre, et si tous ont à la bouche ce commun précepte : «Crois si tu veux être sauvé, ou bien va-t-en!»

Que feront ceux qui désirent sincèrement être sauvés? Faudra-t-il qu'ils jettent les dés pour savoir de quel côté se tourner et à qui s'attacher[266]? [Mais s'entendre avec soi-même, éclairer sa raison, et chercher la vérité de toutes ses forces n'est pas ce dont ils se soucient. Ils disent communément que[267]] «la sagesse humaine est folie devant Dieu.» J'ai dit ailleurs quelle est la raison qui les fait parler de la sorte, c'est qu'ils veulent gagner les ignorants et les simples[268]. [Mais cette maxime ils ne l'ont pas trouvée tout seuls.] Les Grecs, en effet, bien avant eux, avaient su distinguer et bien plus clairement la sagesse humaine et la sagesse divine. N'est-ce pas Héraclite qui a dit : «La conduite de l'homme est sans raison, mais celle de Dieu a de la raison;» et le même ailleurs : «L'homme simple apprend d'un démon, comme un enfant d'un homme[269].» Et Platon, dans son *Apologie*, ne fait-il pas dire à Socrate :

«La réputation que j'ai acquise, Athéniens, me vient d'une [certaine] sagesse, qui est en moi. Mais quelle est cette sagesse? Apparemment une sagesse purement humaine, et je cours grand risque de n'être sage que de celle-là[270].»

[Or, cette sagesse divine que ne s'attribuait pas Socrate, ils prétendent en faire goûter les mystères aux plus stupides et aux plus incultes de tous les hommes, à de vils et misérables esclaves[271],] ces charlatans qui évitent autant qu'ils peuvent les hommes de la société polie, parce qu'ils ne se laissent pas tromper aisément, pour prendre dans leurs filets les plus grossiers[272].

[Ils enseignent une fausse et basse humilité, pâle imitation de ce que Platon a écrit de cette vertu[273].] «Dieu, dit-il, suivant l'ancienne tradition, est le commencement, le milieu et la fin de tous les êtres. Il marche toujours en ligne droite , conformément à sa nature, en même temps qu'il embrasse le monde; la justice le suit, vengeresse des injustices faites à la loi divine. Quiconque veut être heureux doit s'attacher à la justice, marchant humblement et modestement sur ses pas[274].» [Ce qui vaut bien mieux que de se réduire à un état indécent et mal-

---

[266] *Cont. Cels.*, VI, 11.

[267] Transition que nous ajoutons et qui est dans la suite même des idées.

[268] *Cont. Cels.*, VI, 12.

[269] Cf. Héraclite., frag. Bibl. Grecq. F.-D. Mullhac, tom. I, p. 326.

[270] *Cont. Cels.*, VI, 12.

[271] Nous rétablissons ainsi la transition sur une indication d'Origène. *Cont. Cels.*, VI, 14.

[272] *Cont. Cels.*, VI, 14.

[273] Indication d'Origène. — *Cont. Cels.*, VI, 15, *init.*

[274] *Cont. Cels.*, VI, 15. — Ce passage est tiré textuellement des *Lois*. — Biblioth. Grecq. Firm.-Didot, Platon, t. II, p. 326.

honnête, de se traîner sur les genoux, de se jeter le visage contre terre, de porter des haillons et de se couvrir de poussière [275].]

De même, cette sentence de Jésus contre les riches : « Il est plus facile qu'un chameau passe par le trou d'une aiguille qu'un riche entre dans le royaume de Dieu [276] », est manifestement tirée de ce passage de Platon, dont Jésus a altéré les termes. « Il est impossible d'être à la fois extrêmement riche et extrêmement vertueux [277]. » Ils parlent aussi du royaume de Dieu, mais ils en donnent une idée basse et méprisable et bien inférieure à ce qu'en dit Platon quand il écrit : « Tous les êtres sont autour du roi de l'univers. Il est leur fin commune et la cause de toute beauté ; ce qui est du second rang est autour du second principe, et ce qui est du troisième autour du troisième principe. L'âme humaine désire avec passion pénétrer ces mystères : pour y parvenir, elle jette les yeux sur tout ce qui a de l'affinité avec elle ; mais elle ne trouve rien qui la satisfasse absolument. Pour ce qui est du roi et des choses dont j'ai parlé, il n'y a rien qui leur ressemble [278]. »

[Et ailleurs : « Ce qui est divin, c'est le beau, le vrai, le bien et tout ce qui leur ressemble. Voilà ce qui nourrit et fortifie principalement les ailes de l'âme : au contraire, tout ce qui est laid et mauvais, les gâte et les détruit. Or, le chef suprême Zeus s'avance le premier, conduisant son char ailé, ordonnant et gouvernant toutes choses. Après lui vient l'armée des dieux et des démons, divisée en onze tribus ; car Hestia reste seule dans le palais des Immortels, mais les onze autres grandes divinités marchent chacune à la tête d'une tribu, dans le rang qui leur est assigné. Alors que de spectacles ravissants, que d'évolutions majestueuses animent l'intérieur du ciel, tandis que les bienheureux remplissent leurs divines fonctions accompagnés de tous ceux qui veulent ou qui peuvent les suivre, car l'envie réside loin du chœur céleste !... Le lieu qui est au-dessus du ciel, aucun de nos poètes ne l'a encore célébré, aucun ne le célébrera jamais dignement. Voici pourtant ce qui en est, car il ne faut pas craindre de publier la vérité, surtout quand on parle sur la vérité.

L'essence véritable, sans couleur, sans forme, impalpable, ne peut être contemplée que par le guide de l'âme, l'intelligence. Autour de l'essence est la place de la vraie science. Or, la pensée de Dieu qui se nourrit d'intelligence et de science

---

[275] Ce passage qu'Origène fournit indirectement devait faire partie du texte de Celse. VI, 15. Cf. *Cont. Cels.*, VI, 15.

[276] S. Mathieu, XIX, 24.

[277] *Cont. Cels.*, VI, 16. — Ce passage est tiré des *Lois* de Platon, livre V. Bibl. Grecq. Didot. p. 344.

[278] Ce texte de Platon est exactement cité de la aecoade lettre, certainement apocryphe. V. Bibl. Grecq. bidol, t. II, p. 519.

sans mélange, comme celle de toute âme qui doit remplir sa destinée, aime à voir l'essence dont elle était depuis longtemps séparée, et se livre avec délices à la contemplation de la vérité, jusqu'au moment où le mouvement circulaire la reporte au lieu de son départ. Dans ce trajet, elle contemple la justice, elle contemple la sagesse, elle contemple la science, non point celle où entre le changement, ni celle qui se montre différente dans les différents objets qu'il nous plaît d'appeler des êtres, mais la science, telle qu'elle existe, dans ce qui est l'être par excellence[279].]

C'est apparemment en se fondant sur quelqu'une de ces paroles de Platon dont ils avaient une vague connaissance, que quelques chrétiens font sonner haut le Dieu qui est au-dessus du ciel, et s'élèvent ainsi au-dessus du ciel des Juifs[280]. Platon a enseigné que pour descendre du ciel sur la terre ou pour monter de la terre au ciel, les âmes passent par les planètes[281]. Les Perses représentent la même chose dans leurs mystères de Mithra. Ils ont une figure symbolique des deux mouvements qui s'accomplissent dans le ciel, du mouvement des étoiles fixes et du mouvement des planètes, et un symbole analogue du voyage de l'âme à travers les corps célestes. Cette figure est une haute échelle composée de sept portes, avec une huitième porte au-dessus des autres. La première porte est de plomb, la seconde d'étain, la troisième de cuivre, la quatrième de fer, la cinquième d'un mélange de métaux, la sixième d'argent, la septième d'or. Ils attribuent la première à Cronos, marquant par le plomb la lenteur de cet astre ; la seconde à Aphrodite qui a rapport avec l'éclat et la mollesse de l'étain ; la troisième qui, étant de cuivre ne peut qu'être ferme et solide, à Zeus ; la quatrième à Hermès, qui passe parmi les hommes pour être dur à la peine et fécond en utiles travaux, comme le fer ; la cinquième qui, composée de divers métaux, est irrégulière et variée, à Arès ; la sixième à la Lune, qui a la blancheur de l'argent, et la septième au Soleil, dont les rayons rappellent la couleur de l'or[282]. [Ces dispositions ne

---

279 Nous suppléons ici à la citation du *Phèdre* qu'Origène allègue et a omise à cette place et dont il reprend un peu plus bas (§ 19, *in fine*). — Platon, Phèdre. B. G. Firmin-Didot, t. I. p. 712-713.

280 *Cont. Cels.*, VI, 19. —Par ces mots: «au-dessus du ciel des Juifs» Celse entend évidemment: au-dessus du Dieu des Juifs.

281 *Cont. Cels.*, VI, 21. —On ne trouve pas très précisément cet enseignement dans les passages du *Timée*. Il y a plutôt quelque chose d'analogue au commencement du mythe qui termine le 10ᵉ livre de la *République*, quoique là, non plus, il ne soit pas précisément question d'une ascension planétaire des âmes.

282 *Cont. Cels.*, VI, 22.

sont pas établies au hasard. La proportion et les lois harmoniques président à ces divers mouvements[283].]

Si l'on veut, en face de cet enseignement des hiérophantes mithriaques, examiner certains enseignements particuliers et mystérieux des chrétiens et les comparer ; on verra qu'il y a quelque analogie. Faut-il citer la figure symbolique qu'ils appellent diagramme avec la ligne noire qui la partage en deux sections et qu'ils nomment la Gehenne ou le Tartare, et les dix cercles enfermés dans un cercle plus grand, nommé l'âme du monde et le sceau ? Celui qui l'applique se nomme le père, et celui qui en a reçu l'empreinte, le fils, lequel répond : « Je suis oint de l'onction blanche prise de l'arbre de la vie. » Ils placent auprès de l'âme de ceux qui vont mourir sept anges de lumière, et de l'autre côté, sept anges inférieurs dits archontiques, dont le chef se nomme le Dieu maudit. Et qu'est-ce que ce Dieu maudit ? C'est l'auteur du monde, le Dieu de Moïse, appelé maudit par ceux-ci, et méritant bien ce nom, suivant eux, pour avoir maudit le serpent, de qui les premiers hommes reçurent la connaissance du bien et du mal[284]. Or, qu'y a-t-il de plus extravagant et de plus déraisonnable que cette sagesse insensée ? En quoi donc le législateur des Juifs est-il à reprendre ? Et [s'il a manqué en quelque chose] comment recevez-vous sous forme d'allégories et de figures, la cosmogonie et la loi des Juifs qui est son œuvre ? Comment, impies que vous êtes, glorifiez-vous, malgré vous, l'auteur du monde, celui qui a fait aux Juifs toutes ces promesses de les faire multiplier jusqu'à remplir la terre, de les ressusciter des morts avec leur chair et leur sang, et qui a inspiré leurs prophètes, et maintenant pourquoi l'insultez-vous ? Oui, quand vous songez à tout cela et que vous êtes pressés par ces raisons, vous êtes d'accord avec les Juifs pour servir le même Dieu ; mais quand votre maître Jésus et le Moïse des Juifs parlent de façon opposée, alors, laissant là le Père, vous cherchez un autre Dieu à sa place[285].

Les sept principaux démons [dont le Dieu maudit est le chef et qu'ils placent auprès des âmes des mourants] ont, le premier, la forme d'un lion ; le second, celle d'un taureau ; le troisième, celle d'un amphibie aux horribles sifflements (dragon) ; le quatrième, celle d'un aigle ; le cinquième, celle d'une ourse ; le sixième, celle d'un chien, et le septième celle d'un âne avec le nom de Thaphabaoth

---

[283] Nous résumons dans ces trois lignes un passage de Celse volontairement omis par Origène, dont on ne peut mesurer l'étendue et où le philosophe s'étendait en plusieurs spéculations de musique. — *Cont. Cels.*, VI, 22.

[284] *Cont. Cels.*, VI. 25-28. —Les extraits de Celse, dans ces paragraphes, sont rares et coupés, et, par suite, peu clairs. Nous les avons liés de la façon la plus intelligible possible.

[285] *Cont. Cels.*, VI, 29.

ou d'Onoël[286]. Ils disent aussi qu'il y a des hommes qui se convertissent en démons de ce genre, les uns en lions, les autres en taureaux, en dragons, en aigles, en ours ou en chiens. Ils ont aussi sur ce tableau la figure carrée et les portes du paradis[287].

Ils accumulent encore quantité de choses les unes sur les autres, discours de prophètes, cercles sur cercles, écoulements d'Église terrestre et de circoncision, vertu qui émane d'une vierge Prunicos, âme vivante, ciel qui pour vivre doit être tué, terre égorgée par l'épée, hommes qui ne vivront que s'ils ont été massacrés, mort qui doit cesser dans le monde par la mort du péché, nouvelle descente par des lieux étroits, portes qui s'ouvrent toutes seules. Partout ils mêlent le bois de la vie, la résurrection de la chair par le bois ; ce qui vient, je pense, de ce que leur maître a été attaché à une croix et qu'il était charpentier de profession. S'il eût été précipité d'un rocher ou jeté dans quelque gouffre ou pendu avec une corde, ou s'il eût été de son état, cordonnier, tailleur de pierres ou serrurier ; on nous mettrait au-dessus des cieux : le rocher de la vie, ou le gouffre de la résurrection, ou la corde de l'immortalité, la pierre de la béatitude, le fer de la charité ou le cuir de la sainteté. Quelle vieille n'aurait honte de conter de pareilles balivernes pour endormir un enfant[288] ?

Ils s'avisent encore — et ce n'est pas là leur moindre invention — d'écrire on ne sait quelles inscriptions sur les plus hauts cercles hypercélestes et entre autres celles-ci : « Le plus grand et le plus petit » — « le père et le fils[289] ».

[Ces figures et ces noms, à les bien prendre, ne sont rien de plus que des moyens dont ils se servent pour les opérations et évocations magiques qu'ils pratiquent à ma connaissance. La foule ignorante est facilement dupe de ces mots étranges auxquels elle attribue une vertu merveilleuse ; car elle ne sait pas que c'est souvent le même objet, qui parmi les Grecs s'appelle d'un nom et d'un autre parmi les Barbares[290].] Ainsi, d'après le témoignage d'Hérodote chez les Scythes, Apollon est appelé Gongosura, Poséidon Thagimasas, Aphrodite Argimpasa, Hestia Tabiti[291].

Qu'est-il besoin que j'énumère ici tous ceux qui ont enseigné la pratique des

---

[286] *Cont. Cels.*, VI, 30.
[287] *Cont. Cels.*, VI, 33.
[288] *Cont. Cels.*, VI, 34.
[289] *Cont. Cels.*, VI, 38.
[290] Passage que les indications d'Origène permettent de restituer fort aisément. — *Cont. Cels.*, VI, 39.
[291] L'ordre et la nature de ces noms ne sont pas les mêmes dans le passage d'Hérodote cité par Celse.

purifications, des chants et des paroles qui guérissent ou délivrent des maladies, l'usage des empreintes ou des figures de démons et de tant d'autres préservatifs tirés d'étoffes, de nombres, de pierres, d'herbes et de racines[292]?

Chez plusieurs prêtres de leur religion, j'ai vu des livres barbares pleins de noms de démons et de conjurations ; et ces prêtres se faisaient fort, non d'être utiles aux hommes, mais d'attirer sur eux toutes sortes de maux[293].

A ce propos, le musicien Denys d'Égypte, que j'ai connu, disait que les prestiges de la magie n'ont de pouvoir que sur les ignorants et les gens perdus de mœurs, mais qu'ils sont sans vertu sur les philosophes et sur ceux qui savent garder une tête saine et régler sagement leur vie[294].

Une autre de leurs erreurs impies née de leur extrême ignorance et de leur inintelligence des mythes, est de prétendre que Dieu a pour adversaire le diable, le même qu'en hébreu ils nomment Satan. Or, c'est une étrange sottise ou plutôt une grande impiété que de dire que le grand Dieu voulant faire quelque bien aux hommes, rencontre un être qui rompt son dessein et le réduit à l'impuissance. Le Fils de Dieu est donc vaincu par le diable ? Tourmenté par lui, il leur enseigne [disent-ils] à mépriser les épreuves qu'il leur infligera à eux aussi ; car il annonce que Satan viendra à son tour sur la terre et y accomplira de grands prodiges, s'appropriant la gloire de Dieu, mais que c'est un séducteur, aux prestiges duquel il faut se garder de se laisser prendre, mais qu'il ne faut croire qu'en lui seul. Ce sont là manifestement les paroles d'un charlatan qui prend toutes les précautions qu'il peut contre ceux qui voudraient introduire des dogmes contraires aux siens et le supplanter[295].

L'idée de ce Satan est du reste prise de vieux mythes mal entendus sur une guerre divine dont parlent les anciennes traditions. Héraclite y fait allusion quand il écrit : « Il faut savoir qu'il y a une guerre universelle, que la discorde fait la fonction de la justice, et que c'est selon ses lois que toutes choses naissent et périssent. » Et Phérécyde bien plus ancien qu'Héraclite, représente dans un mythe deux armées ennemies, dont l'une a pour chef Cronos, et l'autre Ophionée, raconte leurs défis, leurs combats et cette convention que celui des deux partis qui serait jeté dans l'Océan s'avouerait vaincu, et que celui qui y aurait précipité l'autre posséderait le ciel pour prix de sa victoire. Les histoires de la guerre des Titans et des géants contre les Dieux, et celles que racontent les Égyptiens au sujet de Typhon, d'Horos et d'Osiris, appartiennent à la même famille de mythes.

---

[292] *Cont. Cels.*, VI. 39.
[293] *Cont. Cels.*, VI, 40.
[294] *Cont. Cels.*, VI, 41.
[295] *Cont. Cels.*, VI, 42.

Voilà ce qu'ils ont trouvé chez nous et mal compris ; car c'est tout autre chose que leurs inventions sur le démon diable, lequel, à proprement parler, est plutôt un autre imposteur courant sur les brisées du premier. Homère est dans le même courant d'idées que Phérécyde et Héraclite et les auteurs de la guerre des Titans, quand il met ces paroles dans la bouche d'Héphaïstos, s'adressant à Héra : « Jadis, lorsque je m'élançai pour te défendre, il me saisit par le pied et me précipita du seuil divin[296]. » Et celles-ci, dans la bouche de Zeus à la même Héra : « Ne te souvient-il plus du jour où lancé dans les airs, une enclume à chaque pied, les mains enchaînées dans des liens d'or inextricables, ton corps était suspendu au milieu de l'éther et des nuées ? Les divinités du vaste Olympe s'indignaient, mais rassemblées autour de toi, elles ne pouvaient rien pour te délivrer. Celui qui l'osait, je l'arrachais du seuil divin et le précipitais sur la terre où il tombait à demi-mort[297]. »

Ces paroles de Zeus à Héra doivent s'entendre comme des paroles de Dieu à la matière. Elles veulent dire qu'ayant trouvé au commencement la matière dans le dérèglement, Dieu la fit rentrer dans l'ordre et l'enchaîna par les liens de l'harmonie, et que, pour punir les démons qui rôdaient autour d'elle comme pour déranger son œuvre, il les précipita dans les abîmes d'ici-bas. C'est en donnant ce sens aux vers d'Homère que Phérécyde a dit : « Au-dessous de cette région est la région du Tartare. Les Harpies et Thuella (la Tempête), filles de Borée, sont commises à sa garde, et c'est là que Zeus relègue ceux des dieux qui l'ont outragé. » Les mêmes idées sont figurées sur le Peplum d'Athénè, qu'on expose aux yeux des spectateurs dans la pompe des Panathénées. Ce qu'on y voit représenté apprend à tous qu'une divinité sans mère, et vierge, triomphe de l'audace du fils de la terre. Mais dire que le fils de Dieu est puni par le diable, et qu'il nous apprend par sa patience à subir avec courage les peines qu'il nous inflige, c'est ce qu'il y a de plus ridicule au monde. Il fallait, il me semble, punir le diable, et non effrayer les hommes en les menaçant de ses atteintes[298].

Pour ce qui est de savoir d'où ils ont tiré le nom de fils de Dieu, c'est que les hommes des anciens temps ont appelé fils ou enfant de Dieu le monde sorti de ses mains[299].

Rien d'enfantin comme leur cosmogonie et leur récit de la formation de l'homme à l'image de Dieu, et leur paradis planté par Dieu ; rien qui tombe moins sous le sens que la prétendue condition du premier homme changée par

---

[296] Homère, *Iliade*, I. 590.
[297] Homère, *Iliade*, XV. Vers 18-74.
[298] *Cont. Cels.*, VI, 42.
[299] *Cont. Cels.*, VI, 47, *init.*

l'accident du péché, et son expulsion du Jardin des Délices. Ce sont là des extravagances, ou, si l'on veut, d'amusantes petites histoires. C'est d'un ton plus sérieux et avec une autre profondeur que les anciens sages des Grecs ont parlé de la formation du monde et des hommes [300]. Moïse et les prophètes, auteurs de leurs écritures, dans l'ignorance où ils étaient de la nature du monde et de celle de l'homme, ont fabriqué là-dessus des contes à dormir debout [301]. [Qu'est-ce, en effet, que les jours de leur création? Conçoit-on des jours qui aient précédé la naissance du soleil et de la lumière? Qu'est-ce que ces mots : Que la lumière soit faite, que plusieurs d'entre eux entendent comme un souhait et une demande [302]]? L'ouvrier du monde [le démiurge] a-t-il donc emprunté la lumière d'en haut, comme quand nous allumons notre flambeau à celui d'un voisin? Si ce démiurge était un dieu maudit, ennemi du grand Dieu, et s'il faisait le monde malgré lui, pourquoi celui-ci lui prêtait-il la lumière?

Je ne veux pas examiner ici la question de l'origine et de la fin du monde, rechercher s'il est incréé et éternel, ou s'il ne doit pas périr quoiqu'il ait eu un commencement, ou s'il doit finir, bien qu'il n'ait pas commencé. [Mais comment introduire, comme ils font, l'esprit du grand Dieu dans le monde? Comment supposer que le grand Dieu prête son esprit au démiurge, et que celui-ci en abuse si bien, que le Dieu souverain reprenne cet esprit, et, après l'avoir prêté, le retire à lui [303]?] Quel Dieu donne pour reprendre? Redemander marque qu'on a besoin : or, Dieu n'a besoin de rien. [Redemander marque qu'on ne sait ce qu'on fait ni à qui on a donné]. Dieu ignorait-il donc qu'il donnait à un être pervers? Et comment Dieu laisse-t-il ce démiurge pervers s'élever contre lui [304]? Pourquoi envoie-t-il sous main détruire les ouvrages du démiurge? Pourquoi agit-il clandestinement pour le ruiner, subornant et séduisant ceux qu'il peut? Pourquoi cherche-t-il à gagner ceux que le démiurge a condamnés et maudits, comme vous dites, et les enlève-t-il comme un voleur d'esclaves? Pourquoi leur apprend-il à se dérober des mains de leur maître? à fuir leur père? Pourquoi les adopte-t-il lui-même sans l'aveu de leur père? Pourquoi se donne-t-il lui-même comme le père d'enfants qui sont à un autre? Voilà certes un dieu bien digne de respect, qui souhaite d'avoir pour fils des pécheurs qu'un autre a condamnés, des bannis,

---

[300] *Cont. Cels.*, VI, 49-50. — Celse citait ici quelques opinions des philosophes et, peut-être, le fameux passage du commencement du *Timée*.
[301] *Cont. Cels.*, XI, 50.
[302] Passage restitué d'après les indications d'Origène. VI, 50, 51. Voir un peu plus loin la même idée reprise par Celse, — *Cont. Cels.*, VI, 60.
[303] Passage restitué d'après les indications d'Origène. — *Cont. Cels.*, VI, 52.
[304] *Cont. Cels.*, VI. 527.

et, comme ils disent d'eux-mêmes, des excréments de la terre, et qui n'est pas capable de punir et de faire rentrer dans l'ordre son envoyé qui lui désobéit?

Et si l'on dit que c'est lui qui a fait le monde, comment y a-t-il du mal dans le monde? Comment est-il impuissant à exhorter et à persuader? Comment le voit-on se repentir à cause de l'ingratitude et de la perversité de ses créatures? Pourquoi accuse-t-il et maudit-il son travail et menace-t-il ses propres enfants de les détruire? Et où donc, hors de ce monde, pourra-t-il transporter l'homme qu'il a fait [305]? [Je ne leur prête rien: tout cela est exprimé dans leurs livres ou peut en être tiré [306].]

Ce qui est plus puéril encore, c'est de partager la formation du monde en plusieurs jours, avant qu'il y eût des jours. Car comment y avait-il des jours avant que le ciel fût fait, la terre construite et le soleil en mouvement? Et comment concevoir le premier et grand Dieu [en admettant qu'il soit l'auteur du monde] disant en forme de commandement: «Que ceci soit fait,» et ensuite: «Que telle ou telle autre chose soit,» et travaillant un jour à un ouvrage, le lendemain à un autre, et ainsi pareillement le troisième, le quatrième, le cinquième et le sixième jours [307]; [achevant sa besogne ce jour-là et se reposant,] comme un lâche ouvrier qui, fatigué, a besoin de chômer pour se refaire [308]? Mais il n'est pas permis de dire que le grand Dieu se fatigue, ni qu'il travaille de ses mains, ni même qu'il commande. Dieu n'a ni mains, ni bouche, ni aucune de ces choses que vous lui attribuez [309]. [De même, ils disent que l'homme a été fait à l'image de Dieu.] Mais Dieu n'a point fait de l'homme son image: car il n'a pas la forme de l'homme ni d'aucune autre chose sensible. [Ce n'est pas assez; ils attribuent à Dieu des yeux, des oreilles, des bras, la couleur, la figure, le mouvement [310].] Or tout est de Dieu, mais il n'est rien de particulier: il ne peut être atteint par la raison, ni exprimé par la parole; il n'est sujet à aucun mouvement qui le determine [311].

—«Mais alors [dira l'un de ces personnages] comment donc pourrai-je connaître Dieu? Qui m'enseignera le chemin qui mène à Dieu? Comment me montrerez-vous Dieu? Vous me couvrez les yeux de ténèbres si épaisses que je ne vois plus rien distinctement [312].» — Il est vrai, ceux qu'on fait passer de l'obscu-

---

[305] *Cont. Cels.*, VI, 53.
[306] *Cont. Cels.*, VI, 58.
[307] *Cont. Cels.*, VI, 60.
[308] *Cont. Cels.*, VI, 61.
[309] *Cont. Cels.*, VI, 62.
[310] Restitution d'après une indication fort explicite d'Origène. *Cont. Cels.*, 63-64.
[311] *Cont. Cels.*, VI, 65, 66.
[312] *Cont. Cels.*, VI, 66.

rité à la pleine lumière ne pouvant soutenir l'éclat des rayons qui les éblouit et leur fait mal aux yeux, s'imaginent être aveugles[313]. — Comment donc, encore une fois, espérer connaître Dieu et obtenir de lui le salut? [Cela s'entend;] Dieu étant trop grand pour que notre pensée puisse l'atteindre, il a soufflé son propre esprit dans un corps semblable au nôtre, et l'a fait descendre ici-bas afin que nous pussions recueillir ses paroles et ses enseignements[314]. — Mais en accordant que le fils de Dieu soit un esprit envoyé par Dieu dans un corps humain, il ne suit pas que le fils de Dieu pût être immortel. [Plusieurs d'entre eux déjà n'admettent pas que Dieu soit esprit et réservent cette qualité à son fils[315].] Mais il n'est pas d'esprit qui soit de nature à durer éternellement. Il eut donc été nécessaire que Dieu lui donnât de nouveau l'esprit, et il suit de là que Jésus ne put ressusciter avec son corps, car Dieu n'aurait pas repris l'esprit qu'il avait donné, souillé qu'il avait été au contact du corps[316].

[Faut-il parler de ce qu'ils racontent, et peut-on concevoir un Dieu qui naît, une vierge qui l'enfante, et le reste[317]?] Si Dieu voulait, en effet, envoyer ici-bas son propre esprit, qu'avait-il besoin de souffler dans les flancs d'une femme? Il savait déjà l'art de fabriquer des hommes et pouvait former un corps pour loger son esprit, sans le faire passer par un lieu si plein de souillures. De la sorte, en le faisant descendre tout d'un coup d'en haut, il eut été au-devant de l'incrédulité[318].

[Il est vrai qu'il en est parmi eux qui ne disent pas autre chose, et le font comme venir du ciel en terre, sans admettre la conception virginale, l'embarras de la naissance et des premières années; mais quand ceux-ci ajoutent qu'il n'est pas celui que les prophètes ont prédit, mais un autre plus grand et fils d'un plus grand Dieu, ils donnent prise aussi à la critique[319];] car comment pourrait-on faire voir qu'un homme qui a souffert le supplice qu'on sait, soit le fils d'un Dieu, si ses

---

[313] *Cont. Cels.*, VI, 66.

[314] *Cont. Cels.*, VI, 69.

[315] Restitution sur une indication d'Origène. — *Cont. Cels.*, VI, 72.

[316] *Cont. Cels.*, VI, 72. — Ce passage n'est pas sans embarras ni obscurité. Il nous semble que Celse veut dire que si Jésus portait dans son corps l'esprit divin, cet esprit s'étant exhalé quand il mourut, il fallait que Dieu lui inspirât de nouveau son esprit, car le même ne pouvait revenir dans un même corps, Dieu ne pouvant le recueillir et le rendre après le contact du corps qui l'avait souillé.

[317] Restitution d'après une indication d'Origène. VI, 73, *init.*

[318] *Cont. Cels.*, VI, 73.

[319] Nous proposons de restituer ainsi deux lacunes sur les indications d'Origène, VI, 74. *init.* — Il nous semble que cette restitution, d'après le contexte et ce qu'on sait du système de Marcion est un à peu près très vraisemblable.

souffrances n'avaient pas été prédites [320] ? [Au reste quoi de plus étrange que d'introduire ici deux Dieux, le Dieu Juste et le Dieu Bon, et de leur donner à chacun un fils qu'ils envoient sur la terre, et de mettre aux prises les pères et à leur défaut les fils, comme des cailles de combat, car les pères, vieux, cassés et radotants, ne se battent plus eux-mêmes et laissent faire pour eux leurs enfants [321] !]

Mais si l'esprit divin était en effet descendu dans un homme, il fallait que celui-ci se fît remarquer entre tous les autres par la taille, la beauté, la force, la majesté, la voix et l'éloquence. Car il n'est pas possible que celui qui portait particulièrement en soi la vertu divine ne se distinguât en rien du reste des hommes. Or, celui-ci n'avait rien de plus que les autres. Et même, comme ils le disent eux-mêmes, il était petit, laid et sans noblesse [322]. Bien plus, si, comme le Zeus de la comédie se réveillant d'un long sommeil, Dieu voulut délivrer le genre humain de ses maux, pourquoi a-t-il envoyé l'esprit que vous dites dans un seul petit coin du monde ? Il lui fallait souffler en même temps son esprit dans un grand nombre de corps et

les envoyer çà et là par toute la terre. Le poète comique, pour faire rire son public, nous montre Zens à son réveil envoyant Hermès aux Athéniens et aux Lacédémoniens. L'idée d'envoyer le fils de Dieu aux Juifs n'est-elle pas plus propre encore à exciter la risée [323] ? [Pour mieux tomber, vraiment, Dieu n'avait que l'embarras du choix. Pourquoi aux seuls Juifs ? Pourquoi à cette nation grossière, misérable, à demi dissoute, et non à tant d'autres peuples plus dignes des regards et du souci de Dieu, comme les Chaldéens, les Mages, les Égyptiens, les Perses, les Indiens, nations vénérables et tontes divines [324] ?] Et comment ce Dieu, qui sait tout, ignorait-il qu'il envoyait son fils à des méchants qui allaient commettre un nouveau crime en le condamnant [325] ? Qu'allèguent-ils ici en façon de défense ? Ceux des chrétiens qui introduisent un second Dieu [différent du Dieu des Juifs] n'ont rien à dire. Mais ceux qui reconnaissent le même Dieu diront ce grand mot fort profond : « Il fallait que cela arrivât. »

Et la raison ? C'est qu'autrefois la chose avait été prédite [326]. [Cela est admi-

---

[320] *Cont. Cels.*, VI, 74.

[321] Passage restitué sur les indications d'Origène, et où Celse prenait à partie la doctrine de Marcion admettant, en effet, deux Dieux et deux Messies. — *Cont. Cels.*, VI, 74.

[322] *Cont. Cels.*, VI. 75.

[323] *Cont. Cels.*, VI, 78.

[324] Restitution très vraisemblable d'un passage simplement indiqué par Origène. — *Cont. Cels.*, VI, 80.

[325] *Cont. Cels.*, VI, 81.

[326] Ce passage résumé à la fin du livre VI d'Origène est au commencement du livre suivant. — *Cont. Cels.*, VII, 2.

rable.] Les oracles de la Pythie, de Dodone, de Claros, des Branchides, d'Ammon et tant d'autres dont les avertissements ont peuplé presque toute la terre de colonies, ne comptent pour rien à leur gré, mais quelques paroles prononcées ou non en Judée à la manière du pays et telles qu'on en peut encore recueillir aujourd'hui de la bouche de gens de Phénicie ou de Palestine, sont à leurs yeux des merveilles et des vérités indubitables [327]!

Ces prédicants sont de diverses espèces. Beaucoup, obscurs et sans nom, à propos de quoi que ce soit, dans les sanctuaires ou hors des sanctuaires, se mettent à gesticuler comme saisis de la fureur prophétique; d'autres, devins ambulants, courent les villes et les armées donnant le même spectacle. A chacun rien n'est plus aisé de dire, et ils n'y manquent guère: «Je suis Dieu, fils de Dieu ou l'esprit de Dieu. Je viens, car le monde va périr, et vous, ô hommes! vous allez mourir à cause de vos iniquités. Mais je veux vous sauver. Et vous me reverrez bientôt revenir avec une puissance divine. Bienheureux alors celui qui m'aura honoré aujourd'hui! J'enverrai tous les autres au feu éternel, les villes, les campagnes et les hommes. Ceux qui ignorent maintenant les supplices qui les attendent se repentiront alors et gémiront en vain. Mais ceux qui auront cru en moi, je les garderai éternellement...» A ces effusions hautaines ils mêlent des termes de possédés, embrouillés et absolument incompréhensibles, dont aucune personne raisonnable ne saurait découvrir la signification, tant ils sont obscurs et vides de sens, mais qui permettent au premier imbécile ou au premier imposteur venu de s'en emparer et de se les approprier à loisir [328]. [Je ne parle pas au hasard.] De ces prétendus prophètes, j'en ai entendu plus d'un de mes oreilles, et, après les avoir convaincus, je les ai amenés à avouer leur point faible [329], et qu'ils débitaient au hasard tout ce qui leur passait par la cervelle.

[Quant à ceux qui se font fort des anciennes prophéties, ils seraient bien empêchés de justifier ce qu'on y attribue à Dieu de bas et de vil, de honteux et d'absolument indigne de sa pureté [330].] On ne peut croire, en effet, que Dieu puisse faire, souffrir ou autoriser le mal. Et, est-il admissible que Dieu [comme on l'a dit] mange de la chair de brebis, boive du fiel ou du vinaigre et autres choses semblables [331]? [Ce n'est pas assez que cela ait été prédit, la nature de Dieu y

---

[327] *Cont. Cels.*, VII, 3.
[328] *Cont. Cels.*, VII, 9.
[329] *Cont. Cels.*, VII, 11.
[330] Passage justifié par la néeessité d'une transition et plus précisément par une indication d'Origène. VI, *Cont. Cels.*, VII, 12 et 13, *init.*
[331] *Cont. Cels.*, VII, 13.

répugne[332].] Étant posé, en effet, que les prophètes aient prédit du grand Dieu, pour ne rien dire de plus, qu'il serait esclave, qu'il serait malade ou mourrait, faudrait-il nécessairement que Dieu subît l'esclavage, la maladie ou la mort par la raison que cela aurait été prédit? Faudrait-il qu'il justifiât sa divinité par sa mort? Non, mais les prophètes ne devaient rien prédire de semblable, car c'est un mal et une impiété. Il ne faut donc point considérer si une chose a été prédite ou non, mais si elle est digne de Dieu et bonne en soi : car ce qui est mauvais et indigne de lui, quand même tous les hommes dans un emportement de folie l'auraient prédit, ne doit point être cru de lui. Or, la question fort simple est de savoir si ce qui lui est arrivé, à lui [Jésus], supposé qu'il soit Dieu, est conforme à la piété [et compatible avec la nature divine[333].]

Ne feront-ils pas aussi cette remarque : posé que celui-là, selon les prophètes du Dieu des Juifs, soit le fils de Dieu, comment le Dieu des Juifs leur commande-t-il, par l'organe de Moïse, de chercher les richesses et la puissance, de se multiplier de façon à remplir la terre, de massacrer leurs ennemis sans épargner les enfants et d'en exterminer toute la race, ce qu'il fait lui-même sous leurs yeux, comme Moïse le raconte? comment les menace-t-il, s'ils manquent à ces lois, de les traiter en ennemis déclarés ; tandis que son fils, l'homme de Nazareth, donne des lois tout opposées, déclare que le riche n'aura pas accès auprès de son père, ni celui qui recherche la puissance, ni celui qui affecte la sagesse ou la gloire ; enseigne qu'on ne doit pas plus s'inquiéter des besoins et de la subsistance de chaque jour que les corbeaux, qu'il faut se mettre moins en peine du vêtement que les lys, que si on vous donne un coup, il faut se présenter pour en recevoir un autre? Qui donc ment de Moïse ou de Jésus? Est-ce que le père, quand il a envoyé celui-ci, a oublié ce qu'il avait dit en tête à tête à Moïse? Est-ce qu'il a changé d'opinion, condamné ses propres lois, et chargé cet envoyé d'en promulguer de toutes contraires[334]?

[On sait, du reste, quelle idée basse et grossière ils se font de Dieu, lui attribuant des organes corporels, lui prêtant des inclinations et des passions purement humaines, incapables qu'ils sont de concevoir ce qui est pur et invisible par le seul effort de la pensée[335].]

Après leur mort, où espèrent-ils aller? Dans une terre meilleure que celle-ci. C'est que les hommes divins de nos anciens temps ont parlé d'une vie de félicité réservée aux âmes des bienheureux. Ce séjour futur, les uns l'appellent les îles

---

[332] Passage justifié par la nécessité de la transition et de l'enchaînement des idées.
[333] *Cont. Cels.*, VII, 14.
[334] *Cont. Cels.*, VII. 18.
[335] Restitution approximative d'un passage d'après l'indication d'Origène. *Cont. Cels.*, VII, 27.

fortunées, les autres Champs Élysées, parce qu'on y sera délivré du lien des maux d'ici-bas[336]. Ainsi Homère dit : « Les dieux t'enverront aux Champs Élysées aux confins de la terre... En ces lieux, la vie est délectable[337]. » Platon aussi, qui enseigne l'âme immortelle, appelle le lieu où elle est envoyée une terre, en ce passage : « La terre est immense et nous n'en habitons que cette petite partie qui s'étend depuis le Phare jusqu'aux colonnes d'Hercule, répandus autour de la mer comme des fourmis ou des grenouilles autour d'un marais. Mais il y a d'autres hommes qui habitent d'autres parties semblables, car partout sur la face de la terre il y a des creux de toute sorte de grandeur et de figure où se rendent les eaux, les nuages et l'air grossier, tandis que la terre pure elle-même est au-dessus dans le ciel pur[338]. [Confinés dans quelques creux de la terre, nous croyons en habiter les hauteurs, nous prenons l'air pour le ciel[339].] » Il n'est pas aisé à tout le monde de pénétrer la pensée de Platon. Il faut pour cela bien entendre ce qu'il ajoute : « que notre faiblesse et notre pesanteur nous empêchent de nous élever au-dessus de l'air... Mais, si l'homme était d'une nature propre à une longue contemplation, il reconnaîtrait que c'est le véritable ciel, la véritable lumière, la véritable terre[340]. »

[Pour leur résurrection ridicule des corps, elle leur vient de ce qu'ils ont entendu dire de la métempsycose[341] ;] mais sur ce point, quand on les a mis au pied du mur et confondus, ils reviennent toujours comme si on ne leur avait rien dit à leur même question : « Comment donc alors connaîtrons-nous et verrons-nous Dieu ? Comment pourrons-nous aller à lui[342] ? » — [Apparemment, ils s'imaginent que Dieu est dans un lieu où l'on peut aller le trouver familièrement[343].] Ils se promettent de voir Dieu des yeux du corps, d'entendre sa voix de leurs oreilles et de le toucher de leurs mains. [Mais si vous voulez des dieux de forme humaine, des dieux qui se laissent voir clairement et sans illusion, allez donc aux sanctuaires de Trophonios, d'Amphiaraos et de Mopse. Là vous pourrez vous satisfaire[344].] Vous y verrez les dieux [que vous souhaitez,] non pour une fois et

---

[336] *Cont. Cels.*, VII, 28.
[337] Cf. Hom., *Odyss.*, IV, 5.
[338] Passage exactement cité de Platon, *Phédon*, Bibl. Grecq. F.-Didot, t. I. p. 86. —Traduction Cousin, tome I, p. 303-304.
[339] Nous ajoutons une phrase de Platon. *Id. ibid.*
[340] Platon, Phédon. *Id. Ibid.* — *Cont. Cels.*, VII, 28.
[341] Restitution sur une indication d'Origène. — *Cont. Cels.*, VII, 32. Le passage de Celse devait être plus long.
[342] *Cont. Cels.*, VII, 33.
[343] Restitution faite d'après une indication d'Origène. — *Cont. Cels.*, VII, 34.
[344] Phrase intercalée d'après des indications assez explicites d'Origène. — *Cont. Cels.*, VII, 35.

en passant, comme vous avez vu celui qui a fait de vous ses dupes, mais d'une façon permanente : vous y trouverez des dieux qui sont toujours là pour ceux qui veulent converser avec eux[345].

— Mais ils demanderont encore comment, si Dieu échappe à leurs sens, ils pourront le connaître, comment on peut rien connaître sans le secours des sens ? C'est là la parole non d'un homme ni de l'âme, mais de la chair. Qu'ils écoutent cependant, s'ils sont capables de comprendre, bas et charnels comme ils sont. Si, imposant silence aux sens, vous portez votre esprit en haut, et que, vous étant arrachés à la chair, vous réveillez les yeux de l'âme[346], alors seulement vous verrez Dieu[347]. Et si vous cherchez un bon guide, il vous faut tout d'abord fuir les imposteurs et les goètes, et les introducteurs d'idoles, afin d'éviter cet excès de ridicule de blasphémer comme des idoles les autres dieux qu'on vous montre, pendant que vous adorez ce personnage plus misérable que les idoles mêmes, que dis-je, inférieur à toute idole, un pur mort, et que vous lui cherchez un père qui lui ressemble[348].

[Et c'est peu de ces deux]. Le même charlatanisme de vos merveilleux directeurs vous dicte des formules divines au Lion, à l'Amphibie, au démon à tête d'âne, et à tous ces autres gardeurs de portes célestes[349] dont vous apprenez misérablement les noms, pour n'en tirer d'autre fruit, malheureux que vous êtes, que d'être cruellement maltraités et d'être mis en croix[350].

[Enfin, voulez-vous de bons guides ? Adressez-vous aux anciens poètes divinement inspirés, aux sages, aux philosophes et à Platon, le maître le plus capable de vous éclairer en ces matières. Il écrit dans son *Timée* : « Quant à l'univers, que nous appelons ciel ou monde, ou de tout autre nom, il faut d'abord, comme pour toute chose en général, considérer s'il existe de tout temps, n'ayant point de commencement, ou s'il est né et s'il a un commencement. Le monde est né, car il est visible, tangible et corporel... et tout ce qui naît doit nécessairement, disons-nous, venir de quelque cause.] Mais il est difficile de trouver l'auteur et le père de l'univers, et impossible, après l'avoir trouvé, de le faire connaître à tout le monde[351]. » Vous voyez comme les hommes divins ont cherché la route de la vé-

---

[345] Tout ce morceau est évidemment ironique, comme Origène, qui l'a raccourci, le remarque lui-même. — *Cont. Cels.*, VII, 35.

[346] *Cont. Cels.*, VII, 26.

[347] Cf. Maxime de Tyr, *Diss.*, XVII, 10, 11. B. G. Fimin-Didot, p. 68.

[348] *Cont. Cels.*, VII, 36.

[349] Cf. *Cont. Cels.*, VI, 31.

[350] *Cont. Cels.*, VII, 40.

[351] Citation du *Timée* de Platon. — B. Grecq. Firmin-Didot, t. II, p. 204 ; traduct. Victor Cousin, tome 12, p. 117.

rité, et comme Platon reconnaissait qu'il n'est pas possible à tout le monde de la suivre. Mais, bien que les sages ne l'aient trouvée que pour nous donner une idée qui représentât l'être premier et innommable, soit en le composant avec toutes les autres choses, soit en l'en séparant, soit par analogie, pour faire concevoir ce qui autrement ne se peut exprimer, si je voulais vous initier à cet enseignement, j'admirerais que vous pussiez me suivre, liés que vous êtes à la chair d'une façon si complète, et n'ayant pas d'yeux pour ce qui est pur[352].

Voici cependant : on distingue la substance et le devenir, l'intelligence et le visible. Avec la substance est la vérité, avec le devenir l'erreur. La vérité est objet de science, un mélange de vérité et d'erreur objet d'opinion. La connaissance va à l'intelligence, la vue au visible. L'entendement perçoit l'intelligible, l'œil le visible. De même donc que, dans la sphère des choses visibles, le soleil n'est ni l'œil ni la vue, mais la cause sans laquelle l'œil ne voit pas, la vue n'a pas lieu, les objets visibles ne sont pas perçus, nulle chose sensible n'existe, et le soleil lui-même ne peut être vu ; ainsi, dans la sphère des choses intelligibles, celui qui n'est ni entendement, ni connaissance, ni science, est cependant la cause qui fait que l'entendement connaît, que la connaissance a lieu et que la science s'édifie ; la cause qui fait que tous les êtres intelligibles, la vérité, la substance même existe, quoiqu'il soit lui-même au-dessus de toutes ces choses, et intelligible par une certaine puissance ineffable[353]. Je parle pour les hommes d'intelligence. Si vous aussi vous comprenez ici quelque chose, tant mieux pour vous. S'il vous plaît de croire que quelque esprit est venu d'auprès de Dieu pour enseigner la vérité divine, ce sera sans doute celui qui a révélé ces grandes idées, esprit qui remplissait l'âme des sages des temps passés, et qui répandait par leurs bouches tant d'excellentes leçons. Mais si vous ne pouvez atteindre à ces hauteurs, tenez-vous donc cois et muets, et cachez votre ignorance, et ne dites pas que ce sont ceux qui voient clair qui sont aveugles, ni ceux qui courent qui sont boiteux, estropiés et boiteux comme vous êtes quant à l'âme, et vivants seulement pour le corps, c'est-à-dire pour ce qui, dans l'homme, est chose morte[354].

Si vous aviez si fort envie d'innover, qu'il valait mieux pour vous en choisir quelque autre parmi ceux qui sont morts virilement, et qui peuvent justifier la fable d'une consécration divine[355] ! Si vous répugniez à prendre Héraclès, As-

---

[352] *Cont. Cels.*, VII, 42.
[353] L'inspiration de la fin du VI, et du début du VII°livre de la *République* et de plusieurs passages du *Timée* et du *Parménide* est ici visible. Celse y enseigne le Dieu au-dessus de l'être et de la substance.
[354] *Cont. Cels.*, VII, 45.
[355] *Cont. Cels.*, VIII, 53.

clépios et quelqu'autre des anciens héros de la légende [qui ont déjà des autels], vous aviez Orphée, homme inspiré, nul ne le conteste, d'un esprit divin, et qui périt de mort violente. Mais peut-être n'est-il plus libre? Vous aviez alors Anaxarque. Jeté un jour dans un mortier, comme on l'y pilait cruellement, il se jouait noblement de son bourreau: «Pilez, disait-il, pilez l'étui d'Anaxarque, car pour lui-même vous ne le touchez point!» parole pleine, en vérité, d'un esprit divin. Mais les philosophes physiciens vous ont prévenus et l'ont choisi pour maître[356]. Ne pouviez-vous donc alors prendre Épictète? Comme son maître lui tordait la jambe, lui, calme et souriant: «Tu vas, disait-il, me la casser;» et la jambe ayant été brisée: «Je disais bien, reprit-il, que tu allais la casser.» Qu'est-ce que votre dieu a dit de pareil dans les tourments? Et quand vous auriez pris la Sibylle, dont plusieurs parmi vous allèguent l'autorité, vous auriez eu meilleure raison de la déclarer fille de Dieu. Mais vous vous êtes contenté d'introduire au hasard et par fraude nombre de blasphèmes dans ses livres. Et vous nous donnez pour dieu un personnage qui a fini par une mort misérable sa vie infâme. Combien il eût mieux valu choisir Jonas sorti du gros poisson, ou Daniel échappé à la dent des fauves, ou d'autres dont les aventures sont plus surprenantes encore[357].

Voici maintenant un de leurs préceptes: c'est de ne pas repousser les outrages. «Si, dit-il, on vous frappe sur une joue, présentez encore l'autre.» C'est là une vieille maxime déjà dite et bien mieux dite avant eux: la grossièreté de la formule seule leur appartient. Écoutez en effet Platon faisant converser ensemble Socrate et Criton: «C'est donc un devoir absolu de n'être jamais injuste? — Sans doute. — Si c'est un devoir absolu de n'être jamais injuste, c'est donc aussi un devoir de ne l'être jamais, même envers celui qui l'a été à notre égard, quoi qu'en dise le vulgaire? — C'est tout à fait mon avis. — Mais quoi! est-il permis de faire du mal à quelqu'un, ou ne l'est-il pas? — Il ne l'est pas, assurément, Socrate. — Mais enfin, rendre le mal pour le mal, cela est-il juste, comme le veut le peuple, ou injuste? — Tout à fait injuste: car faire du mal ou être injuste c'est la même chose. — Sans doute. Ainsi donc, c'est une obligation sacrée de ne jamais rendre injustice pour injustice, ni mal pour mal.» Ainsi parle Platon, et il ajoute encore: «Réfléchis donc bien, et vois si tu es réellement d'accord avec moi, et si nous pouvons discuter, en partant de ce principe que, dans aucune circonstance, il n'est jamais permis d'être injuste, ni de rendre injustice pour injustice, ni mal pour mal; ou, si tu penses autrement, romps d'abord la discussion dans son

---

[356] Ce que Bouhereau traduit inexactement ainsi: Mais il y en avait encore d'autres qui faisaient déjà profession d'être ses disciples pour la physique.
[357] *Cont. Cels.*, VII, 53.

principe, car pour moi je pense encore aujourd'hui comme autrefois[358]. » Telles étaient les maximes de Platon, et les hommes divins qui vivaient avant lui n'en avaient pas de différentes.

Mais en voilà assez sur ce point et sur les autres semblables où ils se sont montrés plagiaires maladroits. Qui voudra voir la chose plus à fond le pourra faire aisément[359].

---

[358] Passage très exactement cité du *Criton* de Platon, B. G. Firm.-Didot, t. I, p. 38. —Trad. V. Cousin, t. I, p. 143-144.
[359] *Cont. Cels.*, VII, 58.

QUATRIÈME PARTIE :
CONCLUSION ; ESSAI DE CONCILIATION ET APPEL À L'ESPRIT DE CONFRATERNITÉ RELIGIEUSE ET PATRIOTIQUE DE TOUS LES CHRÉTIENS DE BONNE VOLONTÉ

Venons maintenant à autre chose.

Ils ne supportent pas de voir des temples, des autels ni des simulacres. Ils ont cela de commun avec les Scythes, les nomades de la Libye, les Sères qui n'ont pas de Dieu, et les autres nations les plus impies et les plus sauvages. Les Perses sont aussi dans le même sentiment, comme Hérodote le marque dans ce passage de son histoire : «Je sais de bonne source que chez les Perses les lois ne permettent pas d'élever d'autels, de temples, de simulacres : on taxe de folie ceux qui en érigent. C'est apparemment qu'ils pensent qu'on ne saurait attribuer aux Dieux une origine ni une forme humaine, comme font les Grecs[360]. » Toutefois, Héraclite écrit quelque part : «Ils adressent des prières à ces simulacres : si l'on ignore absolument ce que c'est que les Dieux et les héros, autant parler à des pierres[361]. » Que disent-ils là-dessus de plus sage que ce que dit Héraclite ? Celui-ci fait entendre au fond qu'il est insensé d'adresser des prières à des statues, à moins de savoir ce que c'est que les dieux et les héros. Telle est sa pensée. Mais eux, ils réprouvent absolument les simulacres. Est-ce parce que de la pierre, du bois, de l'airain ou de l'or mis en œuvre par le premier venu ne sauraient être un Dieu ? Belle découverte en vérité ! Quel autre, sans être plus que simple, peut croire que ce sont là des dieux et non des objets consacrés aux dieux ou des images qui les représentent ? S'ils entendent qu'on ne peut admettre des images divines, parce que Dieu, comme pensent les Perses, n'a pas la forme humaine, ils se contredisent fort étourdiment, puisqu'ils disent que Dieu a fait de l'homme sa propre image et lui a donné une forme semblable à la sienne. Ils accorderont bien, à la vérité, que ces simulacres sont élevés en l'honneur de certains êtres qui leur ressemblent plus ou moins ; mais, disent-ils, ces êtres à qui on les consacre

---

[360] Cf. Hérodote, livre I, p. 131. Bibl. grecq., Firm.-Didot.
[361] Passage déjà cité dans la Préface.

ne sont pas des dieux, ce sont des démons, et celui qui adore Dieu ne doit pas servir de démons[362].

Mais tout d'abord, je leur demanderai pourquoi donc il ne faut pas servir de démons? Est-ce que toutes choses ne sont pas conduites par la volonté de Dieu? Est-ce que toute Providence ne relève pas de lui? Est-ce que tout ce qui se fait dans le monde, soit par un Dieu, soit par des auges, soit par d'autres démons ou héros, n'est pas réglé par les lois du Dieu souverain? N'est-ce pas lui qui a désigné pour chaque emploi particulier un de ces êtres qu'il a choisi et revêtu de la puissance nécessaire? N'est-il donc pas juste que celui qui adore Dieu serve aussi ceux qui tiennent de lui leur pouvoir? —Je vous entends, c'est qu'il n'est pas possible de servir en même temps deux maîtres[363].

—C'est là une parole de factieux prétendant faire bande à part[364] et se séparer de la société commune. Ceux qui s'expriment de la sorte prêtent à Dieu leurs propres préjugés. Parmi les hommes, en effet, on a quelque droit de dire que celui qui est le serviteur d'un maître ne peut légitimement se faire le serviteur d'un autre; car l'un des deux souffrira du service rendu à l'autre. Certes, quand on s'est lié d'abord à quelqu'un, on ne peut se donner encore à un autre, et ainsi le service rendu à différents héros et démons de ce genre, est déraisonnable en ce qu'il porte préjudice à l'un d'eux. Mais pour ce qui regarde Dieu, que ne peut atteindre ni dommage ni affront, il est absurde d'en juger comme des hommes, des héros et des autres démons, et de se faire scrupule de servir plusieurs dieux. Servir plusieurs dieux, c'est au contraire par cela même qu'on sert quelqu'un des êtres qui relèvent du grand Dieu, faire quelque chose qui lui est agréable. Car aucun être n'a droit à des hommages, si Dieu ne lui en a donné le privilège; et par conséquent honorer et adorer tous ceux qui sont à Dieu, ce n'est pas déplaire à Dieu qui les a tous sous sa dépendance[365].

Celui qui, parlant de Dieu, déclare qu'il n'y a qu'un seul être à qui soit dû le nom de «Seigneur», celui-là est un impie qui divise le royaume de Dieu et y introduit la sédition, comme s'il y avait là deux partis opposés, comme si Dieu trouvait en face de soi un rival pour lui tenir tête[366].

Encore, si ces gens-là ne servaient qu'un seul Dieu, ils auraient peut-être contre les autres des raisons assez fortes[367]: mais non; on les voit honorer d'un

---

[362] *Cont. Cels.*, VII, 62.
[363] *Cont. Cels.*, VII, 68-70.
[364] *Cont. Cels.*, VIII, 2.
[365] *Cont. Cels.*, VIII, 2.
[366] *Cont. Cels.*, VIII, 11.
[367] *Cont. Cels.*, VIII, 12.

culte outré ce personnage qui a paru récemment dans le monde, et ils ne croient pas manquer à Dieu en se faisant les serviteurs de son ministre[368]. Puis donc qu'avec Dieu ils adorent son fils, il suit que d'après eux-mêmes, il faut adorer non seulement Dieu, mais aussi ses ministres[369].

Et si vous prenez la peine de leur apprendre que celui-ci n'est point particulièrement le fils de Dieu, mais que tous les hommes ont pour père ce Dieu, qu'à vrai dire il faut seul adorer, ils ne l'admettront pas et ils voudront adorer en même temps ce chef de leur faction qu'ils ont appelé fils de Dieu, non pour honorer Dieu avec plus de piété, mais pour grandir à l'excès ce personnage[370].

Pour montrer que je ne leur prête aucune idée qui ne leur appartienne, je me servirai de leurs propres paroles. Dans le *Dialogue céleste*[371], ils parlent quelque part dans le sens que voici et en ces propres termes : «Si le fils de Dieu est plus fort [que son père], et si le fils de l'homme est cependant son maître, quel autre que le fils de l'homme commandera au Dieu qui gouverne le monde ? Pourquoi tant de gens sur le bord du puits et pourquoi personne n'y descend-il ? Pourquoi après tant de chemin parcouru manques-tu de cœur ? —Tu te trompes, j'ai du cœur et une épée. » Ne voit-on pas là pleinement le fond de leur pensée ? Ils font du Dieu céleste une personne distincte, père de celui qu'ils s'entendent pour adorer, et puis, abrités sous le nom du Grand Dieu, c'est leur chef, le fils de l'homme qu'ils adorent seul, lui attribuant la puissance supérieure et la souveraineté sur le Dieu qui gouverne tout[372].

De là le mot d'ordre qu'il ne faut pas servir deux maîtres, afin que leur faction soit plus serrée autour de lui seul. Or, leur aversion pour les temples, les simulacres et les autels est comme la marque et le signe d'union mystérieux et secrets dont ils sont convenus entre eux[373].

[De même, ils se refusent à prendre part aux fêtes publiques et à goûter des chairs immolées à la divinité : Ils n'ont point de Dieu l'idée qu'on en doit avoir. Il n'y a pas de Dieu séparé, malgré la diversité des noms qu'on lui donne et la variété des cérémonies par lesquelles on essaye de l'honorer[374].] Dieu est le Dieu

---

[368] *Cont. Cels.*, VIII, 12.

[369] *Cont. Cels.*, VII, 14.

[370] *Cont. Cels.*, VIII, 14.

[371] C'est la seule mention que nous trouvions de cet écrit sorti certainement d'une plumaine gnostique, et très vraisemblablement de l'école de Marcion, où l'on aimait à opposer le grand Dieu qui avait envoyé le Christ au Dieu des Juifs et à son Messie, l'Évangile à loi Juive. Cf. Irén., I, 27, et *Cont. Cels.*, V, 54, et VI, 53.

[372] *Cont. Cels.*, VIII, 15.

[373] *Cont. Cels.*, VIII, 15, 16.

[374] Transition exigée par l'enchainement des idées.

commun de tous les hommes ; il est bon, exempt de besoin, incapable d'envie. Qu'est-ce donc qui empêche ceux qui lui sont le plus dévoués de prendre part aux fêtes publiques [375], [d'user des viandes immolées à la divinité et de participer aux sacrifices faits aux idoles [376].] Si ces idoles ne sont rien, quel mal y a-t-il à s'asseoir avec tout le monde au festin sacré ? Mais si ce sont des êtres divins, il est hors de doute qu'ils sont aussi à Dieu, qu'il faut croire en eux, leur offrir selon les lois des sacrifices et des prières pour mériter leur bienveillance [377].

Si c'est par respect pour les traditions de leurs pères qu'ils s'abstiennent de certaines victimes comme celles dont nous parlons, alors ils devraient aussi s'abstenir absolument de la chair de tous les animaux, comme Pythagore qui croyait honorer de la sorte la vie et ses organes. Mais si c'est, comme ils disent, pour ne pas s'asseoir à la table des démons, j'admire leur sagesse de comprendre seulement enfin qu'ils vivent à la table des démons, et de ne s'en garder que lorsqu'ils ont sous les yeux des victimes immolées, car le pain qu'ils mangent, le vin qu'ils boivent, les fruits dont ils goûtent, l'eau dont ils s'abreuvent, l'air même qu'ils respirent, toutes ces choses ne sont-elles pas chacune sous garde de certains démons spéciaux qui en ont reçu la charge et de qui il leur faut les recevoir [378] ?

Donc de deux choses l'une, ou bien il faut renoncer absolument à vivre et ne pas venir au monde ; ou bien, puisque nous avons été mis ici-bas à ces conditions, rendre grâce aux démons chargés de présider aux choses de la terre, leur offrir des prémices et des prières, tant que nous vivrons, afin de nous attirer leur faveur [379].

[Le monde est plein de démons, ministres et serviteurs du grand Dieu, chargés de gouverner en son nom la nature et la vie humaine, capables de servir et de nuire. Ceux des hommes qui sont attentifs à leur service reçoivent d'eux des bienfaits : mais les impies doivent les craindre, car on ne peut nier qu'ils n'aient reçu le redoutable pouvoir de faire du bien et du mal, et qu'ils ne l'exercent justement, étant les délégués et comme les préfets du Dieu souverain. On ne peut donc leur manquer en toute sécurité [380].]

En effet, quand un simple satrape, gouverneur, préteur ou procurateur du roi de Perse ou de l'empereur Romain, et quand ceux mêmes qui, dans un rang

---

[375] *Cont. Cels.*, VIII, 21. L'inspiration platonicienne est ici visible. Cf. *Timée*, B. G. F.-Didot, tome II, page 205.
[376] Addition exigée par la suite des idées.
[377] *Cont. Cels.*, VIII, 24.
[378] *Cont. Cels.*, VIII, 28.
[379] *Cont. Cels.*, VIII, 33.
[380] Restitution proposée pour établir un lien entre les idées.

inférieur de la hiérarchie, exercent les moindres charges et les emplois infimes, nous feraient beaucoup de mal si nous ne leur rendions pas hommage, peut-on croire que ces satrapes et ces ministres de l'air et de la terre puissent peu de chose contre qui les outrage[381] ?

[Les Juifs et les chrétiens reconnaissent eux aussi ces ministres et ces diacres divins et leur rendent hommage à leur manière. La différence entre eux et nous est plus dans les noms que dans les choses, car ils ne leur accordent pas moins de vertu que nous[382].]

Si on les désigne sous des noms barbares, ces ministres de Dieu auront donc quelque puissance ; mais si on les nomme en grec ou en latin, ils n'en auront plus[383]. [Aussi, ils ne craignent pas de railler ou d'outrager ceux mêmes qu'ils appellent, qu'ils prient ou qu'ils invoquent dans leur langue ou sous d'autres noms, faisant parade d'invectives stériles et menteuses[384].]

Regardez-moi, [dit l'un d'eux], debout devant la statue de Zeus, d'Apollon ou de quelque autre de vos Dieux, lui dire des injures ou le frapper du bâton. Cependant, il ne s'en venge point[385]. Mais ne vois-tu pas, pauvre homme, qu'il en est aussi qui, bravant en face ton démon, ne se contentent pas de l'injurier ? On le bannit de toute l'étendue des terres et des mers, et toi-même qui es comme une vivante statue consacrée à ton Dieu, on t'entraîne et on t'attache à une croix ! Le démon, ou, comme tu dis, le fils de Dieu s'en venge-t-il jamais non plus[386] ?

Toi, tu railles et insultes les statues de ces Dieux ! mais si tu avais outragé Dionysos lui-même ou Héraclès en face, tu n'en serais pas sorti peut-être de si belle humeur ! Quant à ton Dieu, on l'a saisi en personne, on l'a étendu sur la croix et torturé, et jamais ceux qui l'ont fait n'en ont porté de peine. Et, d'autre part, depuis ce jour-là, dans un si long espace de temps, est-il jamais rien arrivé d'extraordinaire à ceux qui ont pu croire que ce personnage était non un simple magicien, mais le fils de Dieu[387] ? Que dire de celui qui l'avait envoyé avec ses instructions à porter au monde ? Le messager a été cruellement châtié et a emporté avec lui son message dans le néant, et depuis si longtemps son père n'a pas

---

[381] *Cont. Cels.*, VIII, 35.
[382] Restitution d'une courte lacune indiquée par Origène.
[383] *Cont. Cels.*, VIII, 37.
[384] Passage rétabli pour l'enchaînement des idées.
[385] Accusation dont il est bien difficile de dire qu'elle fut alors une calomnie, voir à ce sujet le Mémoire de M. Edmond Le Blant : Polyeucte et le zèle téméraire. — *Mém. de l'Acad. des inscriptions et belles-lettres*, t. XXVIII, 2ᵉ partie. — Origène accorde ici que ces outrages ont pu partir de quelque chrétien de la plèbe. — *Cont. Cels.*, VIII, 38.
[386] *Cont. Cels.*, VIII, 38.
[387] *Cont. Cels.*, VIII, 41.

encore agi. Se peut-il un père à ce point dénaturé? —Mais lui [le fils], dis-tu, voulait ce qui est arrivé, et c'est parce qu'il le voulait qu'il a subi cet excès d'outrages. —Mais ces Dieux que tu insultes, je pourrais dire qu'eux aussi le veulent bien, et que c'est pour cette raison qu'ils supportent tes blasphèmes. Car il ne faut pas voir de différence là où il n'y en a pas. Et encore, nos dieux au moins savent punir rudement leurs blasphémateurs, les réduisant à fuir, à se cacher, à périr s'ils sont pris[388].

[Et ne pouvons-nous pas parler à bon droit de la puissance merveilleuse des dieux, du bien qu'ils ont fait et des services qu'ils ont rendus en tant de circonstances, soit à des cités, soit à des particuliers[389].] A quoi bon rappeler toutes les prédictions des prophètes et des prophétesses et d'autres personnes, hommes ou femmes, saintement possédés de Dieu? Combien de paroles merveilleuses sorties du sanctuaire? Combien de choses les immolations et les sacrifices ont révélées à ceux qui y ont eu recours? Combien ont été découvertes par d'autres signes miraculeux? Combien de personnes sont encore favorisées d'apparitions qui les éclairent!

Il n'est pas de vie d'homme où cela ne se rencontre. Combien de cités ont été relevées, combien délivrées de la peste ou de la famine, grâce aux oracles! Combien, pour les avoir méprisés ou négligés, ont péri misérablement! Par les oracles encore combien de colonies ont été fondées, et, pour leur avoir obéi, sont devenues florissantes! Combien de princes, combien de particuliers ont vu leur situation devenir meilleure ou pire selon le cas qu'ils en ont fait! Combien de personnes, désolées de n'avoir pas d'enfants, ont vu par eux combler leurs vœux! Combien ont pu éviter la colère des démons! Que de paralytiques guéris! Et, d'un autre côté, combien, pour avoir violé le respect dû aux sanctuaires, ont été immédiatement punis! Les uns ont été frappés sur l'heure de démence; les autres ont révélé eux-mêmes leurs propres crimes; ceux-ci se sont tués de leurs mains; ceux-là ont été saisis de maladies incurables. Parfois même on en a vu qu'a foudroyés une voix redoutable partie du fond du sanctuaire[390].

[Les chrétiens montrent une fermeté invincible dans leurs croyances et un attachement inébranlable à les garder. Et plusieurs estiment que cette obstination se mesure mal à la valeur réelle des opinions. Mais avant eux et en dehors d'eux, n'a-t-on point vu d'âmes aussi constantes et aussi fermes, aussi dédaigneuses du péril, faisant aussi bon marché de la vie, et la donnant aussi aisément pour sauver

---

[388] *Cont. Cels.*, VIII, 41.
[389] Phrase nécessaire, semble-t-il, pour la transition et l'enchaînement des idées.
[390] *Cont. Cels.*, VIII, 45.

leur conscience? Sont-ils les premiers et les seuls qui aient prétendu sauver leur vie en en faisant librement le sacrifice? N'a-t-on pas vu de pareils exemples de foi vigoureuse, de croyances religieuses et de convictions raisonnées que nulle espérance ou nulle crainte ne pouvait fléchir?

La source de cette fermeté invincible c'est chez eux la foi en la vie future, heureuse pour les bons et malheureuse pour les méchants. Or ce dogme de l'immortalité de l'âme, des récompenses et des châtiments justement dispensés au delà de la vie, l'ont-ils donc inventé? Nos sages, nos philosophes et ceux qui président à nos mystères l'enseignent aussi bien qu'eux[391].]

Absolument comme toi, mon bon ami, qui crois aux châtiments éternels, les exégètes, les télestes et les mystagogues de nos mystères y croient aussi. Comme tu en menaces les autres, eux aussi t'en menacent. La question est de savoir qui d'eux ou de toi a la raison et la vérité de son côté. Car, pour ce qui est des paroles, toi comme les autres, vous affirmez également être en droit de parler comme vous faites. Mais s'il faut en venir aux preuves, ceux-ci en mettent en avant un grand nombre et de fort évidentes qu'ils tirent des opérations merveilleuses de plusieurs démons et des réponses de toute sorte d'oracles[392].

[Il est vrai, nul d'entre eux ne s'est avisé de déclarer que l'homme, une fois mort, renaîtrait tout entier de ses cendres et retrouverait son corps tel qu'il l'a laissé. C'est un dogme que nul ne vous envie; mais sur ce point même[393]] votre conduite n'est-elle pas absurde? Vous espérez et désirez que votre corps ressuscite lui-même tel qu'il est, comme si vous n'aviez rien de meilleur ni de plus précieux et puis vous l'exposez de gaieté de cœur aux supplices comme une chose vile! Mais des hommes entêtés de pareilles idées et si attachés à leur corps ne méritent pas qu'on discute avec eux sur ce point. Ce sont du reste gens grossiers et infâmes et qui, contre toute raison, ont la tête perdue de leurs idées de sectaires. Quant à ceux qui croient à l'éternité de l'âme ou du principe pensant, quel que soit le nom qu'ils se plaisent à lui donner, essence spirituelle, esprit intelligent, saint et bienheureux, âme vivante, rejeton céleste et incorruptible d'une nature divine et incorporelle, avec ceux-là on peut, grâce à Dieu, converser sur cette matière. Ils sont au moins raisonnables en ce point qu'ils croient au bonheur futur de ceux qui auront bien vécu, et au châtiment éternel des méchants. Or c'est là un dogme qu'ils ne doivent jamais abandonner, ni eux ni personne.

Mais puisque les hommes sont nés attachés à un corps, soit qu'ainsi l'exi-

---

[391] Nous restituons ici ces deux paragraphes, dont le premier est indiqué par Origène dans un résumé: §48, *init*, et dont l'autre est nécessaire pour la suite des idées.

[392] *Cont. Cels.*, VIII, 48.

[393] Passage nécessaire pour la transition et la liaison des idées.

geât l'ordre universel des choses, soit en expiation de leurs fautes, soit à cause des passions qui chargent l'âme et l'appesantissent ici-bas jusqu'à ce qu'elle soit purifiée par diverses révolutions fixées d'avance —car il est nécessaire, suivant Empédocle, que, pendant trois fois dix mille ans, l'âme, changeant de forme avec le temps, erre loin du séjour des bienheureux [394]—, il faut croire que les hommes sont sous la garde de certains êtres chargés du soin de cette prison [395].

De deux choses l'une: refusent-ils de suivre les cérémonies publiques et de rendre hommage à ceux qui y président? alors qu'ils renoncent à prendre la robe virile, à se marier, à devenir pères, à remplir enfin aucune des autres fonctions de la vie commune; qu'ils s'en aillent tous ensemble loin d'ici sans laisser graine de leur espèce, et que la terre entière soit débarrassée de cette engeance! Mais s'ils veulent prendre femme, avoir des enfants, manger des fruits de la terre, prendre leur part des choses de la vie, des biens et aussi des maux qui y sont attachés —car la nature assujettit l'homme aux maux, il faut nécessairement qu'il y en ait, et ce monde leur est réservé—, il faut qu'ils rendent à ceux qui sont chargés de tout administrer les honneurs qui conviennent, qu'ils s'acquittent de tous les devoirs de la vie jusqu'à ce qu'ils soient délivrés des liens qui les y attachent: autrement ils paraîtraient singulièrement ingrats envers ces êtres supérieurs. Car il est injuste de participer aux biens dont ils disposent, et de ne leur rendre aucun hommage en revanche [396].

Tout ici-bas, jusqu'aux plus petites choses, a été remis aux mains de quelque puissance. Les croyances des Égyptiens peuvent nous l'apprendre. Selon eux, trente-six démons ou dieux de l'air —on en compte quelquefois plus encore— se sont partagé le corps de l'homme en trente-six parties. Chacun d'eux a été désigné pour veiller sur une de ces parties. Ils savent les noms de ces dieux dans la langue du pays. Ce sont: Chnoumen, Chachoumen, Cnath, Sicath, Biou, Erou, Erebiou, Rhamanor, Reianoor et les autres, appelés de noms égyptiens; et, en invoquant ces dieux, ils guérissent les maladies de chacune des parties du corps. Qu'est-ce donc qui empêche de rendre un léger hommage à ces dieux et aux autres [397], si on préfère la santé à la maladie, une vie heureuse à une vie misérable, si l'on souhaite d'être à l'abri des incarcérations et des supplices autant qu'il est possible?

---

[394] Ces deux vers sont empruntés au prologue du poème d'Empédocle *Sur la Nature*. Ils appartiennent au début. — *Frag. phil. Graec.*, Biblioth. Grecq. Didot. t. I. p. 1.
[395] *Cont. Cels.*, VIII, 53.
[396] *Cont. Cels.*, VIII, 55.
[397] Il semble que Celse ne demande aux chrétiens qu'une marque extérieure de respect, l'acceptation d'une simple formalité.

[Ce n'est pas que nous conseillions à personne de se livrer à corps perdu, sans raisonnement et sans choix, à toutes les superstitions et à toutes les pratiques locales. L'art de communiquer avec les démons peut avoir sa vertu[398].] Il faut cependant prendre garde, en se livrant à ces pratiques, de s'en éprendre à l'excès, de s'absorber dans l'amour de son corps en laissant de côté ou en mettant en oubli des soins plus relevés ; car il convient peut-être d'ajouter foi aux sages qui nous disent que la plupart des démons se complaisent dans les choses de ce bas monde[399], sont avides du sang et du fumet des sacrifices, s'attachent aux concerts et aux autres plaisirs semblables, sans être capables de rien faire de meilleur que de guérir les corps, de prédire l'avenir aux hommes et aux cités, sans rien savoir ni pouvoir faire enfin que ce qui regarde la vie mortelle .

Il faut honorer ces êtres parce que cela est utile[400].

Du reste, il vaut mieux croire que les démons ne manquent de rien, n'ont besoin de rien, mais qu'ils se réjouissent des sentiments pieux qu'on leur témoigne[401].

[Le premier principe est que] jamais en aucune façon il ne faut abandonner Dieu, ni le jour ni la nuit, ni en public, ni en particulier. Nous devons continuellement, et dans nos paroles et dans nos actions, et même quand nous ne parlons ni n'agissons, tenir notre âme élevée vers Dieu[402]. Cela posé, quel mal y a-t-il à chercher à nous attirer la bienveillance de ceux qui ont reçu de Dieu leur pouvoir, et, entre autres, celle des rois et des puissants de la terre ; car ceux-là mêmes n'ont pas été, sans une volonté divine[403], élevés au rang qu'ils occupent.]

Ah ! si l'on vous ordonnait, à vous adorateur de Dieu, de commettre une impiété ou de proférer quelque infamie, certes il faudrait vous garder d'obéir. Mieux vaudrait souffrir toutes les tortures. Oui, il faut souffrir mille morts avant de proférer aucune impiété contre Dieu, avant même d'en concevoir la pensée. Mais c'est toute autre chose si on vous commande de chanter un hymne au Soleil ou de célébrer Athéné dans un beau péan. Vous paraîtrez en effet d'autant plus honorer le grand Dieu que vous aurez mieux glorifié ces divinités. Car en se répandant ainsi partout, la piété devient plus parfaite[404].

---

[398] Transition dont Origène fournit, ce semble, les éléments. *Cont. Cels.*, VIII, 59-60.

[399] Nous entendons le mot *génessei* dans le sens Platonicien de chose engendrée, mobile, périssable, où Celse l'a pris lui-même au livre VII, et non dans celui de voluptés charnelles, adopté par Bouhereau et les traductions latines.

[400] *Cont. Cels.*, VIII, 62.

[401] *Cont. Cels.*, VIII, 63.

[402] *Cont. Cels.*, VIII, 63.

[403] *Cont. Cels.*, VIII, 63.

[404] *Cont. Cels.*, VIII, 66.

Supposez même qu'on vous ordonne de jurer par le chef de l'Empire. Il n'y a pas encore de mal à le faire. Car c'est entre ses mains qu'ont été remises les choses de la terre, et c'est de lui que vous recevez tous les avantages de la vie[405]. Il convient de se tenir à l'antique parole : « Il faut un seul roi, celui à qui le fils de l'artificieux Saturne a confié le sceptre[406]. »

Si vous cherchez à ébranler ce principe, le prince vous punira, et il aura raison ; car si tous les autres faisaient comme vous, rien n'empêcherait que l'Empereur ne demeurât seul et abandonné, et que le monde ne devînt la proie des barbares les plus sauvages et les plus grossiers. Il n'y aurait bientôt plus trace alors de votre belle religion, et c'en serait fait de la gloire de la vraie sagesse parmi les hommes[407].

Vous ne prétendrez pas sans doute que les Romains délaissent, pour embrasser votre croyance, leurs traditions religieuses et civiles, invoquent votre Dieu le Très-Haut, ou de quelque nom que vous l'appeliez, afin qu'il descende du Ciel et combatte pour eux, en sorte qu'ils n'aient pas besoin d'autre secours. Car ce même Dieu, à vous entendre, avait autrefois promis les mêmes choses et de plus grandes encore à ses fidèles. Or vous voyez quels services il a rendus aux Juifs et à vous. Ceux-là, au lieu de l'empire du monde, n'ont même plus une motte de terre ni un foyer. Et quant à vous, s'il reste encore quelques chrétiens errants et cachés, on les cherche pour les conduire au supplice[408].

Mais ce discours que vous tenez n'est pas supportable : « Si les empereurs qui règnent aujourd'hui, dites-vous, après nous avoir écoutés, se laissaient prendre par les ennemis, nous gagnerions et persuaderions encore leurs successeurs. Et ceux-ci étant tombés de la même manière, nous nous ferions encore écouter des autres, jusqu'à ce que tous ceux qui nous auraient crus fussent pris de la même façon. — Sans doute cela ne manquerait pas d'arriver, à moins qu'un pouvoir plus éclairé et plus prévoyant ne vous détruisît tous de fond en comble avant de périr lui-même par vous[409].

[Vous voulez, il est vrai, et vous ne vous en cachez guère, vous voulez, dans votre naïf orgueil et dans votre ardeur conquérante, soumettre et réduire le monde entier à votre niveau, et établir votre croyance unique sur la ruine de toutes les autres. Mais si, dans chaque pays, la place était libre, est-ce donc à vous qu'on

---

[405] *Cont. Cels.*, VIII, 67.
[406] *Cont. Cels.*, II, 205.
[407] *Cont. Cels.*, VIII, 68.
[408] *Cont. Cels.*, VIII, 69.
[409] *Cont. Cels.*, VIII, 71.

irait? Et l'unité, en cette matière, est contraire à la nature des choses[410].] S'il était possible que les peuples de l'Europe, de l'Asie et de l'Afrique, tant Grecs que Barbares, jusqu'aux extrémités du monde, fussent unis par la communauté d'une même foi, [cela sans doute serait fort beau; mais il n'y a pas au monde d'idée ni de dessein plus chimérique.] Qui se le met en tête témoigne bien qu'il n'a rien vu[411].

Après cela, dit Origène[412], *Celse nous engage à soutenir l'Empereur de toutes nos forces, à partager avec lui la défense du bon droit, à combattre pour lui, à porter les armes avec lui si les circonstances l'exigent, et à l'aider dans le commandement de ses armées.*

Bien plus, il nous exhorte aussi à prendre notre part des fonctions publiques, s'il le faut, pour le salut des lois et la cause de la piété; et il promet, dans un second ouvrage, de nous apprendre comment doivent régler leur vie ceux qui veulent ou peuvent vivre selon les principes qu'il juge les meilleurs.

---

[410] Ce passage est réclamé par la suite des idées.

[411] *Cont. Cels.,* VIII, 72.

[412] Il nous a semblé que ce serait trop donner à l'imagination que d'essayer de restituer sur ces indications, fort précises d'ailleurs, les derniers paragraphes du livre de Celse. Il y a sans doute assez dans les données d'Origène pour composer deux ou trois pages où l'on montrerait le polémiste païen estimant au fond les chrétiens, plus redoutables et plus sérieux qu'il n'a paru jusque-là, changeant de ton, déposant colère et moquerie, faisant appel à l'union et au patriotisme dans les circonstances singulièrement critiques où se trouvait l'Empire — alors que les Barbares pesaient de toute part sur les frontières, et menaçaient les lois, et la civilisation, — les invitant enfin à avoir pitié de la patrie, à l'aider dans les camps et dans les fonctions civiles. Encore une fois, la matière est belle et tentante. Mais il n'y a nul moyen de retrouver l'accent et la mesure de Celse et nous n'avons pas voulu encourir l'accusation d'avoir fait une amplification de fantaisie sur un sujet d'histoire.

Table des matières